오지마을에서 살아남기

오지마을에서 살아남기

초판 1쇄 발행 2025년 10월 30일

지은이 심현천
펴낸이 장현수
펴낸곳 메이킹북스
출판등록 제 2019-000010호

디자인 홍규선
편집 홍규선
교정 안자은
마케팅 김소형

주소 서울특별시 구로구 경인로 661, 핀포인트타워 912-914호
전화 02-2135-5086
팩스 02-2135-5087
이메일 making_books@naver.com
홈페이지 www.makingbooks.co.kr

ISBN 979-11-6791-775-1(13520)
값 16,800원

ⓒ 심현천 2025 Printed in Korea

잘못된 책은 구입하신 곳에서 바꾸어 드립니다.
이 책의 전부 또는 일부 내용을 재사용하려면 사전에 저작권자와 펴낸곳의 동의를 받아야 합니다.

메이킹북스는 저자님의 소중한 투고 원고를 기다립니다.
출간에 대한 관심이 있으신 분은 making_books@naver.com으로 보내 주세요.

심현천 지음

오지마을에서 살아남기

메이킹북스

머리말

　요즈음 우리 사회에서 회자되는 화두는 (베이비붐 세대의 은퇴가 시작되어 고령사회에서 초고령사회로 이행함으로써 100세 시대를 어떻게 살 것인가?) 하는 것입니다.
　베이비부머들이 은퇴 후 30~40년을 어디에서 무엇을 하며 어떻게 살아갈 것인가? 이 고민은 준비 없이 닥친 현실이 되었습니다.

　저는 한 비구니 스님을 보면서 뜻이 있는 곳에 길이 있고, 나이는 숫자에 불과하다는 것을 깨달았습니다.
　스님은 결혼생활을 불행하게 보내고, 속세 춘추 60세에 출가하셨습니다. 소백산 자락 절터만 남아 있는 폐사에서 토굴 생활을 하면서, 탁발 고행을 하여 30년 만에 절터 빈자리가 없을 정도로 불사를 일으키고 속세 춘추 99세에 입적하신 그분의 전설 같은 이야기를 전해 듣고 감탄과 함께 자신이 부끄러웠습니다.
　그래서 베이비부머 세대들도 은퇴 후 자신이 꿈꾸어 왔던 일을 찾아서 인생 후반기인 인생 2막을 여는 데 필자의 산촌생활 7년의 이야기를 통해서 시행착오를 다소나마 줄일 수 있도록 도움을 드리고자 이 책을 집필하게 되었습니다.
　그리고 정부와 지자체에서 초고령사회를 대비한 정책대안을 찾는 데 조금이라도 참고자료가 되기를 기대합니다.

　국토의 균형 발전과 정상적인 유지, 보전, 관리에는 인구의 약 15%정도는 농·어·산촌에 거주하여야 가능하다고 합니다. 그러나 우리의 현실은 인구의 약 7%로 적정 인구의 절반도 되지 않아 휴경지가 늘어나고 있는 심각한 실정입니다.

그래서 정부도 베이비부머들이 은퇴 후 귀농, 귀촌, 귀향을 권장하는 정책을 펴고 있습니다. 그러나 아직은 많이 미흡합니다.

우리나라는 지금 과거 일본과 같이 잃어버린 20년이 시작되려 하는 기로에 서 있습니다.

우리나라 베이비붐 세대는 6.25전쟁이 끝난 1955년부터 산아제한정책이 시행된 1963년까지 출생한 사람들로 약 720만 명으로 봅니다. 우리나라 전체 인구의 약 14.7%를 차지하는 무시할 수 없는 숫자입니다.

그리고 한국의 산업화와 민주화를 이끈 세대이며, 자녀 양육과 부모부양책임을 동시에 양 어깨에 짊어진 마지막 세대이고 어린 시절을 농·어·산촌에서 자란 사람들입니다. 그래서 대다수의 베이비부머들은 은퇴 후 귀향하여 전원생활을 하고자 하는 꿈을 한 번쯤은 꾸어보게 됩니다.

그러나 용기를 내어 귀농, 귀촌, 귀향하는 일이 간단한 일이 아닙니다. 가장 큰 문제는 노후 생활비입니다. 물론 우리나라 사회복지 제도로 기초연금, 국민연금, 건강보험, 주택연금 등이 있으나, 아직은 노후 생활비에 상당히 미흡합니다. 그러나 마음먹기 따라서 농·어·산촌생활은 도시생활보다 생활비를 약 50%까지 절감할 수 있으나, 가장 절감이 어려운 항목이 겨울 난방비입니다.

정부는 농·어·산촌 난방비 절감방안이나 대체에너지 방안을 최우선으로 찾아야 합니다. 대안으로, 마을회관이나 경로당을 일부 노인분들만 낮에 사용하고 밤에는 비워두지 말고, 공동취사와 공동숙소로 사용이 가능하도록 하는 방향으로 확대 발전시켜 나가야 할 것입니다.

그리고 귀촌인의 소규모 농사에도 농기계 사용을 지원해 주는 방안 등 귀촌인들에게 실익이 되는 정책을 찾아야 합니다.

베이비붐 세대들은 우리나라 산업화의 주역들입니다. 정부와 지자체는 진정성 있게 이들과 함께 머리를 맞대고, 정책방안을 찾는다면 분명히 찾을 것입니다.

그리고 "(가칭) 귀농, 귀촌 등에 관한 법률"을 제정하여 적극적인 행정행위로 귀농, 귀촌, 귀향을 지원하여 베이비부머들의 성공적인 정착을 도모하고, 국토의 균형 발전과 정상적인 유지, 보전, 관리를 해서 후손들의 식량 문제와 선진국 도약의 기초를 튼튼히 하여야 할 것입니다.

베이비부머들이여! 고향 산천이 그대들을 부르고 있습니다. 자신의 은퇴 후 30~40년을 도시의 창살 없는 감옥인 아파트에서 하루 종일 답답하게 갇혀 지내지 말고, 농·어·산촌으로 귀촌합시다.

그래서 우리나라 산업화의 주역이었던 그대들의 경험을 살려 피폐해져 가는 농·어·산촌마을에서 정년퇴직 없는 직업인 농업인이 되어서 고구마라도 심으면서, 맑은 개울과 울창한 숲을 보전하는 데 일조를 하다가, 아름다운 금수강산을 온전히 후손에게 물려주는 삶도 의미 있는 인생의 마무리 아닐까요?

끝으로 이 책을 집필하는 데 도움을 주신 강원도 원주시 신림면 용암리, 경상북도 봉화군 소천면, 춘양면 애당리, 충청남도 보령시 주산면 화평리, 성주면 탄광마을 주민들과 항상 물심양면 도움을 주시는 오덕길 형, 친구들 김화선, 서정주, 신순성, 안창근, 양준환, 이영길, 장동수, 정갑생, 진순희, 허역 그리고 나의 사랑하는 어머니와 가족(아내, 아들, 며느리)에게 고마운 마음을 전합니다.

그리고 이 책의 출판과 편집을 맡아 주신 메이킹북스 임직원 여러분에게 감사드립니다.

2025년 10월

저 자 심 현 천

목차

머리말   4

제1장 오지마을을 찾아서

1. 베이비부머의 꿈 – 그림 같은 세컨드하우스   15

2. 땅 찾아 1,000리길   18

3. 오지마을을 찾아서   19
   1) 화천 방천리 마을
   2) 울진 왕피리 마을
   3) 봉화에서 하늘 아래 첫 동네인
      춘양면 우구치리 1,000m 삼동산 화전민마을
   4) 백두대간 삼수령

4. 땅 보는 7가지 기준   22
   1) 식수
   2) 전기
   3) 안전(위치와 방향 그리고 바람길)
   4) 도로
   5) 자연환경
   6) 생활환경
   7) 혐오, 기피시설(축사, 고압선로, 분뇨처리시설 등)

5. 땅 찾는 방법(땅 정보 매체)   43
    1) 현지 부동산 중개업자
    2) 인터넷 직거래 등
    3) 지역 선택 및 귀촌 체험
    4) 경매, 공매 사이트

6. 경매 사례   46
    1) 경매 절차
    2) 낙찰 받은 부동산에 점유자가 있을 때

제2장 자연과의 싸움 그리고 공존

7. 야생으론 살 수 없다 – 어떤 수준에서 타협할 것인가?   49

8. 계곡 개울은 자연이 주신 정수기이며
    작은 사방댐이다   52

9. 자연과의 투쟁   55
    1) 뱀 이야기
    2) 말벌/ 땅벌 이야기
    3) 지네 이야기

10. 자연환경과 밀접한 질병 관리 …………………… 60
   1) 파상풍(녹슨 대못 등)
   2) 유행성 출혈열(들쥐)/ 쓰쓰가무시(털진드기)
   3) 디스토마와 중금속 오염(민물고기)

11. 반려동물과 가축 이야기
    (개/고양이/소/돼지/닭/오리/염소 등) ………………… 63

12. 자연이 준 선물 …………………………………… 65
   1) 들나물
   2) 산나물
   3) 수액/ 산야초기름/ 도토리묵
   4) 산국 차
   5) 발효액 담그기
   6) 과일주 담그기

제3장 원주민과 귀농인 그리고 귀촌인

13. 농사 방법과 작목 선택 ……………………………… 72
   1) 농사 방법
   2) 작목 선택

14. 기계, 기구 사용 시 안전수칙
   - 예초기/엔진톱/경운기/관리기 ……………………… 80

15. 농업인 및 농지원부 작성 요건 갖추기
  - 귀농인과 귀촌인의 구별   83

16. 농막 설치 농촌체류형 쉼터 도입(2025. 01. 24)   86

17. 귀농, 귀촌지 적응하기   89
  1) 재능기부
  2) 전설 따라 삼천리

18. 원주민과 귀농인 그리고 귀촌인 관계   93
  1) 견원지간/ 뺑덕어멈/ 빨래터 수다
  2) 들나물/ 산나물 채취 갈등
  3) 반려동물이나 가축 사육 갈등
  4) 토지 경계선 갈등/ 상린관계
  5) 귀촌지역 농·수·축·임산물 소개로 인한 갈등

19. 귀촌주택 난방 방식별 장단점   101

20. 황토 흙집의 장단점   104
  1) 황토 흙집의 가장 큰 장점
  2) 황토 흙집의 가장 큰 단점

21. 귀농, 귀촌인의 적정 토지, 주택 규모   108
  1) 귀농, 귀촌인의 적정 토지 규모
  2) 귀농, 귀촌인의 적정 주택 규모

22. 농어촌주택 과세특례 및
　　자경농지 감면 규정(양도소득세)　　　　　113
　　　1) 농어촌주택 과세특례
　　　2) 일시적 2주택자에 대한 비과세
　　　3) 자경농지와 농지대토에 대한 양도소득세의 감면

23. 장독대/ 저장고/ 토굴 만들기　　　　　　　121
　　　1) 장독대 만들기
　　　2) 저장고/ 토굴 만들기

24. 장 담그기　　　　　　　　　　　　　　　　123
　　　1) 된장/ 간장 담그기
　　　2) 고추장 담그기

제4장 100세 시대

25. 힐링시대, 건강하게 잘 사는 법　　　　　　131
　　　1) 잘 먹는 방법
　　　2) 운동 잘하는 방법
　　　3) 잘 자는 방법
　　　4) 잘 배설하는 방법
　　　5) 생각 잘하는 방법

26. 100세 시대 - 어떻게 살 것인가?　　　　　　　138
　　1) 기초연금
　　2) 국민연금
　　3) 주택연금
　　4) 증여/ 차용증
　　5) 최저생계비 이하인 어르신에 대한 대책 시급
　　6) 마을회관, 경로당을 마을 단위 휴양, 요양시설로
　　7) 전국 휴양림 인근 지역에 휴양, 요양시설 부지를 지정

27. 죽음을 어떻게 준비할 것인가?　　　　　　　146
　　1) 상속세/ 상속주택 취득세/ 유언장/
　　　 상속의 순위와 법정상속분/ 유류분/ 기여분/ 상속 포기
　　2) 사전의료의향서/ 안락사

제1장
오지마을을 찾아서

1. 베이비부머의 꿈 – 그림 같은 세컨드하우스

강둑 비포장도로를 따라 약 1.5km. 강 쪽으로는 이름 모를 풀들과 야생화 그리고 하염없이 흐르는 낙동강 최상류 은빛 물줄기, 산 쪽으로는 머루, 다래, 산딸기, 개복숭아, 산추, 찔레꽃, 나리, 구절초, 잔대 등과 이름 모를 야생화 그리고 붉은 소나무, 도토리나무 그 위에 기찻길, 깎아지른 바위와 벼랑길을 지나면 작은 계곡 개울물이 강과 만나는 지점이 나옵니다.

그리고 계곡에 진입하려면 가로 폭×높이×길이(2.4m×2.4m×70m)의 박스형 토끼 굴 같은 터널을 지나야 합니다. 바닥으로는 계곡물이 흐르고, 위로는 o-train, v-train과 눈꽃열차가 지나는 영동선이 지나갑니다. 처음 오시는 분들은 참으로 희한한 곳이라며, 어떤 분은 몬도가네, 또는 인디아나 존스 영화 속 한 장면 같다고들 합니다.

그 토끼굴을 빠져나와 약 30m 좁은 언덕길을 오르면 시원한 푸른 솔향기가 코끝을 싱그럽게 하는 게 공기가 다르게 느껴집니다. 곧 이어서 남향 계곡 개울가 양옆으로 비탈밭에 가시오가피가 자라고, 그 위로는 금강소나무보호림으로 가파른 산줄기가 푸른 근육같이 뻗쳐 있습니다.

조금 더 오르면 수행하는 분들이 토굴이라고 지칭하는 조그만 암자가 한 채 있고, 이어서 개울가 잣나무 옆 서낭당이 나타나고, 그 위로 마지막 산골 농가 한 채가 개울가에 쓰러질 듯이 삐딱하게 숨어 있습니다.

농가 주변 텃밭에는 호박, 부추, 시금치, 아욱, 근대, 상추, 토마토, 가지, 오이, 고구마 등이 있고, 텃밭 주변에는 쑥, 머위, 돌나물, 냉이, 달래, 돌미나리 등 들나물과 산 쪽으로는 달맞이꽃, 산국, 구절초, 더덕, 잔대, 고사리, 취나물 등 산나물과 이름 모를 야생화가 지천입니다.

주변 금강소나무 숲속 밤하늘에는 별이 쏟아지고, 반딧불이와 소쩍새 소리 그리고 고라니 울음소리가 계곡의 적막을 깹니다. 낮에는 뻐꾸기 소리와 딱따구리 나무 쪼는 소리 등 이름 모를 새들과 나비 그리고 벌과 곤충이 살고, 1년 365일 마르지 않는 마당가 계곡 개울물에는 다슬기와 가재 그리고 버들치가 살고 있습니다. 이러한 청정 개울물에 집수정을 만들어서 식수로 먹고사는 곳입니다. 이만하면 무릉도원이고 아름다운 귀촌 아니겠습니까?

이곳이 내가 꿈에 그리던 산골 그림 같은 세컨드하우스의 환상에 빠져 2년여 만에 찾은 나만의 왕국입니다. 그러나 이러한 무릉도원의 환상은 3일째 되면서부터 서서히 부서지기 시작하면서 생활의 고달픔과 야생의 좌충우돌이 시작됩니다.

3일째 되는 따사로운 어느 봄날 시골 5일장을 처음 다녀와서, 귀가하니 안마당에 1m는 족히 되는 뱀 한 마리가 유유히 마당을 가로지르고 있었습니다. 아내는 기겁을 하여 걸음이 땅바닥에 얼어붙고, 나도 놀라서 뱀을 쫓았습니다. 그러자 뱀은 마당 축대 돌 틈으로 미끄러지듯이 사라졌습니다. 이때부터 우리의 산골 생활은 뱀과의 전쟁으로 시작되었습니다. 산골 귀촌은 환상이 아니고, 냉혹한 야생에서 살아남는, 또 하나의 생존 경쟁이라는 사실을 깨닫기 시작한 것입니다.

이제부터 야생과의 생존 7년간 우리 부부의 좌충우돌 산골 귀촌 이야기를 진솔하게 풀어 보고자 합니다.

2. 땅 찾아 1,000리길

2006년 봄 나도 어느덧 50대 후반, 제2의 인생을 생각할 나이에 접어들었습니다.

나는 젊어서부터 함석헌 선생의 《씨알의 소리》를 통하여 고대 인도인들의 4가지 가치와 삶의 단계를 동경하였습니다. 저의 아내도 모든 걸 내려놓고 산속에 들어가서 산나물, 들나물, 약초를 채취하고 텃밭을 가꾸며 조용히 사는 삶에 동의하여 주었습니다.

그래서 이때부터 땅 찾아 1,000리길을 약 2년간 경기도, 강원도, 충청도, 경상북도를 수도권에서 가까운 곳부터 차례로 누비며 답사 고행을 하였습니다.

현재 우리나라 농·산·어촌 지역 대부분은 아기 울음소리가 멎은 지 오래되었습니다. 특히 산골 오지의 비탈밭은 휴경 또는 임야화된 곳이 많다는 사실을 알게 되었습니다.

그리하여 오지마을을 찾아 휴경지를 조금이나마 살리면, 국토를 제대로 유지, 보전, 관리하여 후손에게 물려주는 역할도 되고 생명의 원천인 숲속에서 살면 우리의 건강을 찾는 데도 도움이 될 뿐만 아니라 땅값이 싸니 귀촌 비용에도 여유가 생기는 일석삼조라고 생각이 되어 오지마을만을 찾아 다녔습니다.

3. 오지마을을 찾아서

　전국의 오지마을을 인터넷 검색과 해당 지역에서 수소문하여 수도권 가까운 곳부터 우선순위를 정하여 당일 또는 1박 2일, 2박 3일 등 현장 답사를 여행한다고 생각하며 시작하였습니다.

1) 화천 방천리 마을

　3월이었는데도 눈이 와서 고개를 넘어갔는데 나올 수가 없고, 날은 저물어 어쩔 수가 없이 자동차 보험회사에 도움을 요청하였으나 오지라서 도움을 줄 수가 없다는 통보를 받았습니다.
　어쩔 수 없이 무조건 불빛이 새어 나오는 농가를 찾아가서 사정 이야기를 하고 하룻밤을 묵은 적도 있었습니다. 알고 보니 그분들도 귀촌한 부부였습니다. 그 당시 귀촌한 지 7년째라며 귀촌 선배로서 여러 가지 귀중한 경험담을 들을 수 있었습니다. 그분도 교통사고로 6개월을 병원에 입원하기도 하였답니다.
　특히 오지의 겨울 도로는 예측이 불가하니 철저한 월동 장비는 기본이고, 날이 어두우면 집에 있고, 눈이나 비가 오는 날도 가능하면 외출을 삼가는 것이 상책이라는 말씀이 뇌리에 깊숙이 박혔습니다.

2) 울진 왕피리 마을

　울진 서면 36번 국도에서 왕피리로 들어가는 1,000m 고갯길을 넘어 들어갔다가 나오는데 어두워져서 차 한 대 없고, 민가도 없는 구불구불 고갯길을 긴장하며 간신히 빠져나와 다음 날 일정인 봉화로 가기 위해 다시 36번 국도를 달렸습니다. 재를 3개나 넘어서 밤늦게 봉화 춘양에 도착하여 모텔에서 묵기도 하였습니다.

3) 봉화에서 하늘 아래 첫 동네인 춘양면 우구치리 1,000m 삼동산 화전민마을

　일제 시대에 금광 때문에 개설되었다는 금강 소나무 숲속의 비포장 임도를 따라 굽이굽이 돌아 1시간쯤 올라가니 약 20만 평 되는 비탈밭이 광활하게 펼쳐지는데 정말 오지다운 오지였습니다.
　10여 채의 오두막이 있는데 겨울에는 할아버지 한 분만 살고, 초여름이 되면 배추 농사하는 주민들이 올라와서 기거한다고 합니다.
　나는 우리나라에서 해발 1,000m에 20만 평 이상 되는 3대 화전민 마을은 강릉시 왕산면 대관령 남쪽 피동령 안반덕 지역 약 66만 평과 태백시 삼수동 매봉산 정상 부근 약 33만 평 그리고 삼척시 대이리 군립공원과 경계선에 위치한 태백시 삼수동 귀네미 마을 약 24만 평으로 알고 있었습니다.

　그런데 원래는 강원도 영월과 경계선에 있는 경북 봉화군 춘양면 우구치리 삼동산 정상 인근인 이곳 삼동치 부근 약 20만 평이 태백시 귀네미 마을보다 더 큰 화전민마을이었다고 합니다. 지금은 모두 고랭지 배추 재배단지로 유명합니다.

4) 백두대간 삼수령

강원도 태백시의 북서쪽에 위치한 행정동인 삼수동에 있는 높이 920m로 백두대간 낙동정맥의 분기점이며 삼강(한강, 낙동강, 오십천)의 발원지입니다. 이곳에 떨어지는 빗물이 북쪽으로 흘러 한강을 따라 황해로, 동쪽으로 흘러 오십천을 따라 동해로, 남쪽으로 흘러 낙동강을 따라 남해로 흐르는 분수령이라 하여 붙여진 이름이라고 합니다. 난리를 피해 오는 고개라는 뜻으로 피재라고도 합니다.

그리고 양구군 펀치볼 지역, 화천군 풍산리 지역, 인제군 원대리 화전민마을, 평창군 미탄면 지역, 횡성군, 원주시 신림면 황둔, 영월군 김삿갓면, 충북 제천시 송학면, 백운면, 수산면 지역, 단양군 가곡면, 영주시 순흥면, 봉현면, 인근 지역 등 2년여 동안 많이도 답사하였습니다.

답사하면서 국토의 70% 이상이 산악 지대인 우리나라에서 산골 오지야말로 우리나라 미래의 희망이란 생각이 들었습니다. 사람들이 들어가서 휴경지를 조금만 잘 관리하고 도로 정비와 안전 시설 등을 보완한다면, 우리나라 유기농업과 휴양, 요양 지역으로 고령 사회의 대안 지역이 될 수도 있겠다는 가능성을 보았습니다.

4. 땅 보는 7가지 기준

　본인이 원하는 땅은 어떠한 기준의 땅인가를 분명히 알고 찾아야 합니다. 본인이 귀농을 원하고 작목을 정하였다면 귀농 작목에 적합한 땅을 찾아야 하겠지요.
　예를 들면 논농사를 원하면 평탄하며, 물이 넉넉한 지역이 제일의 기준이 될 것입니다. 밭농사를 원하면 평탄하며 진입로가 확실하고 일조량이 넉넉한 지역이 제일의 기준이 될 것입니다.
　그러나 귀촌하고자 하는 사람은 집터와 텃밭이 제일의 기준이 될 것입니다. 일반인이 집터 자리를 제대로 찾는 것은 대단히 어려운 일입니다.

　따라서 가장 안전한 방법은 오래된 마을의 집터 자리나 농가주택을 구입하는 것입니다. 그러나 대부분의 농가주택은 5~30호 정도의 시골마을 안에 있는 경우가 많습니다. 그래서 원주민과의 갈등이 우려되고, 특히 씨족마을인 경우에는 귀촌인이 적응하기에 어려움이 많습니다.
　그러므로 가능하다면 기존 마을과 약 200m 이상 떨어져 있는 농가 주택이나 집터 자리를 찾아야 하는 어려움이 있습니다.
　땅 찾는 기준으로 아래와 같은 7가지 사항을 참고하시면 도움이 될 것입니다.

1) 식수

　무엇보다 가장 중요한 것은 안전한 물입니다. 가장 좋은 집터 자리는 맑은 샘이 있는 자리겠지요. 둘째는 마르지 않는 맑은 개울물이 붙어 있는 토지라면 금상첨화일 것입니다.
　그 다음은 지하수가 풍부한 지역입니다. 그리고 지하수 수질이 어떤지 인근 지역 주민들이나 인터넷 정보를 이용하여 탐문하여 보아야 합니다. 이는 아주 중요합니다.
　일반적으로 우리나라는 금수강산으로 물 좋고 산 좋은 나라로 알고 있기 때문에 지하수만 파면 좋은 물이 콸콸 나올 것이라고 생각하는 경향이 있습니다.
　특히 백두대간 인근 지역은 물이 좋을 것이라고 저도 생각했습니다. 그러나 그렇지가 않습니다. 우리나라의 석회암 지대는 묵호, 삼척 일부 지역에서부터 태백, 평창, 영월, 제천, 단양을 거쳐 점촌까지 백두대간 인근 지역에 집중적으로 분포되어 있습니다.
　물론 백두대간 계곡물은 대부분 맑고 좋은 물입니다. 그러나 지하수는 지질에 따라 석회질이나 철분이 많은 경우도 있고, 심지어는 비소 등 중금속이 검출되기도 합니다.

　따라서 지하수는 보건환경연구원 등 믿을 수 있는 기관에 의뢰하여 57가지 수질 검사를 필수적으로 하여야 합니다. 그래서 농산어촌에도 상수도 보급률이 늘고 있으며, 5가구 정도 되는 산촌마을에도 마을 상수도를 보급하고 있는 추세입니다. 그러나 마을 상수도 물탱크 수질 관리가 제대로 되고 있는지는 의문입니다.

농산어촌 지원예산의 최우선순위에 식수 관리와 스레트 지붕의 석면 제거 및 마을 도로 개선 등 삶의 기초인 생활 밀착형 예산이어야 함에도 불구하고, 농산어촌 종합 개발 사업 등 거창한 명칭으로 유지 관리도 제대로 되지 않는 거창한 건물과 캠핑장 건설 등 전시성 사업으로 예산이 비효율적으로 사용되고 있는 것을 많이 보았습니다.

주변 환경이 좋아 땅과 주택을 사고 들어와서 수질검사를 해보니 질산성 질소가 기준치를 초과하여 음용수 부적합 판정을 받아서 생수를 사서 먹는 사람도 보았습니다.

최근 언론보도에 따르면 대전, 이천, 안성, 괴산 등 지역에서는 우라늄과 라돈 등이 다량 검출되고, 경남 함안에서는 비소, 전남 나주 어린이집에서는 비소, 수은 중독이 문제가 되고, 전북 무주에서는 수은, 비소, 불소가 기준치 이상 검출되어 문제가 되고 있습니다.

그 외 농촌 지역에서도 구제역, 조류인플루엔자 등으로 살처분한 소, 돼지, 닭, 오리 등을 매립한 지역과 농약과 비료를 과도하게 사용하는 지역은 청색증을 유발하는 질산성 질소 등 지하수 오염제가 우려되고 있는 현실입니다.

이와 같이 우리나라도 먹는 물 안전지대는 아닙니다. 따라서 귀촌인은 식수 문제를 제일 먼저 꼼꼼히 챙기고, 귀촌한 지자체와 중앙정부에 살면서 느낀 문제점과 개선책을 건의하는 적극적인 마음자세를 가졌으면 합니다.

예를 들면 식수 검사 항목에 우라늄, 라돈 등을 추가시키도록 건의하고, 마을 상수도 정기검사도 8가지만 형식적으로 할 것이 아니라 먹는 물 수질검사항목 57가지를 믿을 수 있는 기관에서 정기적으로 제대로 하고 공개하도록 요청하는 것 등입니다.

지하수를 30m~100m 정도 파서 식수로 사용하고자 하면, 지하수법에 따라서 지하수 개발 이용 신고를 시, 군, 구에 하여야 하며 공사비가 최소한 약 300만 원~800만 원 정도 소요됩니다.

* 지하수법 제8조(지하수 개발 이용의 신고), 지하수법 시행령 제13조 참조

그래서 저는 상류에 사람이 살지 않는 작은 개울이 주택 옆에 있어서 주택에서 100m 정도 상류에 개울가 옆 바닥을 1m 정도 제가 직접 파서 집수정(集水井)을 설치하고 배관을 통하여 식수로 사용하였습니다.

그리고 먹는 물 검사는 경상북도 보건환경연구원에 의뢰하여 57가지 검사 항목 중 중금속 등 모든 항목은 검출되지 않았고, 일반 세균 5마리만 검출된 아주 양호한 수질로 평가 받았습니다.

2009년 9월 당시 수질검사수수료는 251,020원이었습니다.

(1) 지표수와 지하수의 장단점

지표수는 지표면에 있는 물로 시냇물, 계곡물, 강물, 호숫물 등을 말합니다. 바닷물은 해양심층수의 개발 및 관리에 관한 법률에 따르면 표층수는 해수표면으로부터 100m까지의 바닷물을 말하고, 심층수는 수심 200m 아래의 깊은 바다에 있는 물을 말합니다.

지하수는 지표면 아래 지하에 묻혀 있는 수맥에서 뽑아 올리는 물을 말합니다.

상류에 사람이 살지 않는 계곡의 지표수는 하늘이 만들어 주신 정수기로서 식물의 뿌리와 토양이 머금고 있던 수분이 서서히 계곡으로 모이고, 계곡의 돌과 모래, 수초 등을 거쳐 흘러 내려오면서 자연 정수가 됩니다.

따라서 인공정수기와 같은 필터 교환 없이 중금속과 오염 불순물이 많이 정화되는 장점이 있습니다. 그러나 장마철 등 비가 많이 올 때에는 흙탕물이 되어 탁도가 심하게 흐려지며 세균의 오염도가 높아질 수 있는 단점이 있습니다.

이러한 단점은 간이 집수정을 어떻게 만드느냐에 따라서 많이 보완할 수는 있습니다.

지하수는 지하수 개발업자에게 지불하는 비용이 많고, 지질도에 따라서 중금속 등 비중이 높을 수도 있습니다. 그러나 세균의 오염도와 탁도에서는 표층수보다 상대적으로 양호한 장점이 있습니다.

물론 미네랄 성분은 해양심층수가 가장 많습니다. 도시의 수돗물은 지표수를 국가기관이 대규모 정수시설을 거쳐 염소 등으로 소독을 하여 공급하는 대표적인 식수로 미네랄 성분이 어느 정도 있습니다.

그러나 역삼투압방식 정수기는 미네랄 성분이 거의 없는 것으로 밝혀져 논란이 되고 있기도 합니다.

대표적인 지하수는 시판되고 있는 생수입니다. 생수에도 어느 정도의 미네랄 성분이 있습니다. 그리고 우리 몸에 필요한 미네랄은 50여 가지가 넘고 대부분 야채와 과일류에 많기 때문에 물에 녹아 있는 미네랄 성분의 많고 적음을 가지고 좋은 물, 나쁜 물이라고 할 수도 없다는 주장도 있습니다.

또한 특정 미네랄을 과잉 섭취하면 오히려 신장 등에 해를 끼칠 수도 있다고 합니다.

결론적으로 귀촌하신 분은 지하수든 지표수든 먹는 물 수질검사기준 57가지를 보건환경연구원 등 믿을 수 있는 기관에 의뢰하여 반드시 검사를 하시기 바랍니다. 그리고 장마철 등에 물빛이 탁해지면 장독에 식수를 받아놓고 10시간 이상 지난 후에 드시고, 세균이 걱정되시면 끓여 드시면 됩니다.

(2) 간이 집수정과 물탱크 설치하는 방법

- 가. 계곡 개울물 가운데 또는 옆에 모래, 자갈 등 토질이 좋은 곳을 선택하여 가로, 세로, 깊이 1m 이상 구덩이를 팝니다.
- 나. 원형 플라스틱 통 옆면에 드릴로 구멍을 최대한 많이 뚫습니다.
- 다. 원형 플라스틱 통 바닥에서 20~30cm 위쪽 옆면에 식수배관밸브를 꽂을 구멍을 뚫습니다.
- 라. 구멍 뚫은 원형 플라스틱 통을 가는 눈의 모기장으로 틈새가 나지 않도록 완전히 감쌉니다.
- 마. 구덩이 바닥에 자갈과 모래를 깝니다.
- 바. 모기장으로 감싼 원형 플라스틱 통(집수정)을 구덩이에 넣고 식수배관을 연결합니다.

사. 집수정 구덩이의 남은 공간에 깨끗한 자갈, 모래 등을 넣어 채웁니다.
아. 집수정 뚜껑을 덮고 비닐 등으로 틈새가 없이 완전히 덮고 감싸 묶습니다.
자. 비닐 등으로 완전히 감싼 집수정 뚜껑 위를 깨끗한 모래와 흙으로 덮고 그 위에 양철이나 판자를 덮고 고정시킵니다.
차. 집수정에 연결한 배관은 약 50cm 정도 깊이로 물탱크까지 묻어 연결합니다. 땅속에 묻기 어려운 배관은 열선 배관으로 하여야 겨울에 얼지 않습니다. (가정용 물탱크는 약 2톤 정도가 적당합니다.)
카. 물탱크는 주택보다 높은 위치에 둘 수 있으면 무동력 수도시설이 가능합니다. (수압이 낮을 때는 가압펌프를 설치하여야 합니다.)
타. 물탱크에는 배관구멍을 3개 뚫는 것이 좋습니다. 물탱크 바닥 바로 위의 1개는 물탱크 청소 시에 퇴수밸브 배출관으로 사용하고, 물탱크 바닥에서 약 30~50cm 정도 위치에 1개는 주택 수도배관으로 사용하며, 물탱크 상단에서 약 10~20cm 정도 위치의 1개는 물탱크 오버 배출관으로 사용하면 아주 편리합니다.
파. 물탱크는 땅속에 반 이상 묻을 수 있으면 바람직합니다. 그리고 땅 위에 노출된 부분은 보온덮개 정도는 덮는 것이 좋습니다.

2) 전기

현대인에게 전기는 필수사항입니다. 농업용 전기라도 들어와 있으면 일단 합격입니다. 그러나 마지막 전선주에서 직선거리 약 200m 이상일 경우에는 전기 인입이 가능한지 여부와 비용을 확인한 후에 토지를 계약해야 합니다.

직선거리 200m 이내이면 약 50만 원을 한전에 납부하면, 전기 인입·가설이 가능합니다. 그러나 200m 이상이면 m당 약 5만 원 이상의 많은 비용이 지출됩니다.

다만, 마지막 전선주에서 200m 이내의 토지 소유자에게 농업용 전기 인입비용을 대신 지불하여 주는 방법 등 비용 절감 방법은 있습니다. 그러나 토지소유자를 찾아서 만나야 하는 번거로움과 소유자가 비협조적일 수도 있기 때문에 신중하게 결정하여야 합니다.

그리고 TV, 전화, 핸드폰, 인터넷은 가능한지 여부도 확인사항입니다. 왜냐하면 아직도 TV는 별도 시설을 하여야 볼 수 있고, 핸드폰이 잘 터지지 않고 집 전화를 설치하여야 인터넷 설치가 가능한 지역이 있기 때문에 꼼꼼히 확인해야 합니다.

저는 2008년 당시에 오지마을 인터넷 기술지원 정책사업이 있는 것을 알고 신청하여 인공위성 안테나를 무료로 설치하여 인터넷을 사용하였습니다.

그런데 2009년부터는 오지마을 인터넷 기술지원정책사업이 없어졌다고 합니다. 이러한 오지마을 지원정책사업은 더욱 확대해야 함에도 불구하고 오히려 축소하고 있어, 귀촌장려사업에 역행하고 있습니다.

3) 안전(위치와 방향 그리고 바람길)

매슬로의 인간의 욕구 5단계설에서도 생리적 욕구 다음으로 안전의 욕구를 거론하였습니다. 집터 자리에서 안전한 위치와 방향 그리고 바람 길은 두말할 필요 없이 중요합니다.

우리나라는 예로부터 배산임수형 지형을 집터 자리로 최고의 길지라고 여겨왔습니다. 그러나 집터 뒤쪽에 비가 많이 오면 물길이 생길 수 있는 지형은 절대로 피해야 합니다. 이런 지형은 산사태가 발생할 우려가 있기 때문입니다.

그리고 집터 인근 지역에 개울이 있다면 기상이변을 고려해서 최근에 있었던 태풍과 집중호우 시에 어느 정도까지 범람했는지를 탐문하여 최소한 범람지역에서 5~10m 정도 이격거리를 둔 위치의 토지가 안전할 것입니다.

산골 오지라면 산불 발생 시 대피로 등을 살펴보는 것도 필요합니다. 이렇게 안전한 위치에 대한 기본적 상식을 가지고 집터를 관찰하면 안전이 보입니다.

안전의 두 번째 고려 사항은 방향입니다.

우리나라는 예로부터 남향집을 선호했습니다. 이는 우리나라가 북반구에 위치하고 있어서 겨울에 따뜻하고 여름에는 시원한 방향이 남향이기 때문입니다. 그래서 북향 계곡에서는 배수임산으로 부자연스럽게 지은 주택을 가끔 봅니다. 이는 길지를 흉지로 만드는 꼴이 되는 것입니다.

우리나라의 풍수지리설에서도 주택을 남향으로 지으라는 법은 없습니다. 북향이나 동향 또는 서향의 지리적 위치에 있는 집터라면 지리적 지형에 따라 북향, 동향, 서향 주택을 짓고 창문을 남쪽으로 만들어 햇볕을 끌어들이는 건축기법의 운용의 묘를 살리는 것이 자연에 순응하는 길지가 되는 것입니다.

그리고 자연적 지형을 너무 많이 변경하는 것은 바람직한 일이 아니고 안전에도 적신호입니다. 따라서 굴삭기로 산을 너무 많이 깎는다든가 매립하여 집터를 조성하는 것은 안전상 매우 위험한 도발입니다. 부득이 매립을 한 집터는 최소한 3년은 지난 후에 주택을 건축하는 것이 안전상 바람직할 것입니다.

주택의 안전에서 바람길 또한 무시할 수 없습니다.
아궁이 온돌방을 하나쯤 선호하는 요즈음에는 특히 겨울철 바람이 불어오는 바람길 쪽으로 아궁이를 내고 반대 방향으로 굴뚝을 만들어야 최상의 온돌이 됩니다.

그리고 바람길을 틔워 주어야 겨울에는 칼바람을 피하고, 여름에는 시원한 바람 덕을 봅니다. 우리나라는 일반적으로 겨울에는 북서 계절풍이 불고, 여름에는 남동 계절풍이 붑니다. 물론 산바람과 골바람은 낮에는 골짜기로부터 산꼭대기로 골바람이 불어 올라가고, 밤에는 이와 반대로 산바람이 골짜기로 불어 내립니다. 강바람은 지형에 따라 다소 차이가 나기 때문에 현지 원주민들에게 탐문하는 것이 제일 좋은 방법입니다.

우리 속담에 "평생 살 집은 3년 동안 살면서 지으라"고 했습니다. 이는 가뭄, 장마, 폭염, 폭설, 겨울 칼바람 등을 몸소 겪으면서 안전한 위치와 햇볕 드는 시간과 방향 그리고 바람 길에 따라 집을 수정하며 지으라는 조상님들의 경험에서 우러나온 지혜의 말씀입니다.

4) 도로

　산골 귀촌을 생각하는 사람도 자동차 출입은 가능해야 합니다. 따라서 비포장이더라도 지적도상 도로가 있거나, 최소한 현황도로는 있어야 하며 낙석 또는 벼랑 등 위험요인도 관찰하여야 합니다.
　도시의 주택에서 역세권은 최고의 교통 요지로 꼽힙니다. 그리고 역세권은 반경 500m 범위 내로 도보로 10분 이내의 위치를 말합니다.
　물론 귀촌 지역에서도 역세권 토지는 가장 비싸고 가장 선호합니다. 그러나 귀촌 지역에서의 역세권은 도시도 아니고 농촌도 아닌 경우가 많고 전원생활의 자연환경으로는 애매한 면이 많습니다.
　그래서 귀촌지역 토지는 기차역이나 2차선 도로에서 2km이면 최상이고, 4km를 넘지 않는 곳이면 양호한 곳입니다.
　왜냐하면, 보통 성인 남자 걸음으로 2km이면 30분 정도 걸리고, 4km이면 1시간 정도 걸립니다. 4km 거리면 자동차로도 2차선 포장도로이면 약 4분 정도 걸리고, 비포장도로라 하더라도 10분이면 충분합니다. 따라서 자동차로 역세권이 되기 때문입니다.
　그리고 시골 기차역은 한가한 역이 많습니다. 그래서 역 주차장은 항상 텅텅 비어 있기 때문에 역 주차장에 자동차를 주차하고 기차 타고 도시의 볼일을 볼 수도 있습니다. 물론 주차요금도 없습니다.
　장마철에 폭우가 오거나, 겨울철에 눈이 많이 오면 통행이 불가능한 오지도 있습니다. 그런 경우에 비상시 걸어서라도 나올 경우를 생각해야 합니다. 2~3일 여름휴가가 아니라 1년 365일 삶의 현장임을 명심해야 합니다. 또한 언젠가는 구입한 토지와 주택을 매각할 때를 생각한다면 대단히 중요한 조건이기도 합니다.
그리고 고속도로 I/C나 자동차 전용도로 나들목에서 약 10km 이내이면 금상첨화라고 할 수 있을 것입니다.

산골 오지로 귀촌하는 분들은 초기에는 비포장도로를 선호하기도 합니다. 그러나 자동차 없이 초야에 묻혀서 자연인으로 산다면 몰라도 대부분의 귀촌인은 3년 정도 살다 보면 자동차가 다니는 도로는 시멘트 포장이라도 하기를 원합니다.
비포장도로 관리가 쉬운 일이 아니기 때문입니다. 우리나라 토양은 진흙 성분이 많아서 비가 조금만 와도 자동차가 진흙 성분과 잡초에 미끄러지기도 하고 물길에 도로가 군데군데 파이기도 합니다.
그래서 우리나라의 좌식 온돌문화가 형성되었다고도 합니다. 왜냐하면 비만 오면 신발에 진흙이 많이 묻어서, 건조하고 굵은 모래 성분이 많은 서양과 같이 신발을 신고 실내에 들어가는 입식문화가 오히려 불편하기 때문입니다.

그리고 현황도로가 있다고 하더라도 일부가 사도인 경우에는 건축 신고 시에도 사도에 해당하는 토지 소유자의 토지사용 승낙서를 요청합니다.
또한 지적도상 도로가 있다고 하더라도 현재 개울 등으로 끊어져 있을 경우에도 지자체나 담당 공무원에 따라 건축허가나 신고

시에 애로가 있을 수 있다는 것을 참고하셔야 합니다. 이러한 사항은 오지마을 활성화 차원이나 규제개혁 차원에서도 완화되어야 합니다.

지적도상 도로이면서 현재 주민이 사용하고 있는 비포장도로는 도로 포장이 시간의 문제일 뿐 가능합니다. 숙원사업 우선순위에서 밀리면 자조사업으로 신청하여 인건비를 해당마을 주민이 부담하거나 부역하는 조건으로 하면 좀 더 빨리 포장할 수도 있습니다. 숙원사업이나 자조사업 신청은 이장을 통하여 면에 신청하는 것이 가장 부드럽고 순리적입니다. 그러나 군청 전자민원으로 직접 신청할 수도 있습니다.

산골 도로는 눈이 와도 군이나 면에서 제대로 치워주지 않습니다. 따라서 사용하는 분들이 트랙터 등으로 치워야 합니다. 물론 트랙터 기름 값 등을 받으려면 면에 미리 청구하여 사용 승인을 받아야 합니다.
그래서 눈이 많이 오면 경사가 심한 산골도로는 눈이 녹을 때까지 2~3일간 차량 통행이 불가하기도 합니다. 산골 마을에는 5가구 미만인 경우가 많고 대부분 노인들이 거주하므로 한두 사람이 장비 없이 눈길을 치우는 것은 거의 불가능한 일이기 때문입니다. 이러한 도로관계의 여러 사항들을 참고하여 답사할 때 세심하게 관찰하여야 합니다.

그리고 50대까지는 깊은 산골도 다닐 만합니다. 그러나 60대가 되면 자식들 보러 도시로 나올 때 힘들어지기 시작하여 70대가 되면 병원 갈 일도 많아지고 본인이 왕래하는 도시까지 2시간 이상 걸리면 힘에 부치고 차량운행비도 부담이 되기 시작합니다. 80대가 되면 병원 가까운 도시로 다시 돌아와야 하는 경우도 생길 수 있다는 사실을 감안하셔야 합니다.

5) 자연환경

초보 귀촌자들의 가장 큰 관심사는 울창한 숲과 공기 좋고 물 좋고 전망 좋은 자연환경입니다. 그래서 산골 오지, 바닷가, 강가, 저수지, 큰 개울 등이 있는 자연환경을 선호합니다.

원주민들의 시각으로는 이해가 안 되는 선택입니다. 왜냐하면, 산골 오지는 화전민들이 살다가 살기 어려워서 떠난 곳이 대부분이고, 바닷가나 강가는 사람 살기에 좋은 환경은 결코 아니기 때문입니다.

그러나 귀촌인들은 전망 좋은 위치를 선호하고 산나물도 채취하며 천렵이나 낚시도 하고 바지락도 캐는 등 취미생활도 하고 싶기 때문에 그런 곳들을 선택합니다.

그런데 바닷가나 강가 또는 저수지와 너무 가까워도 염분과 습도의 문제가 발생하기도 하고 정신 건강상 우울증 증세를 악화시킨다는 설도 있습니다.

따라서 인기 위주의 자연환경에 부화뇌동하여 토지를 비싸게 사지 말 것을 권고합니다. 오히려 한 발 물러나 토지에서 바다, 강, 저수지가 안 보여서 전망은 조금 떨어지더라도 토지가격도 싸고 물과 공기도 좋고 햇볕 잘 드는 살기 좋은 토지라면 오히려 더 현명한 선택이 될 수도 있기 때문입니다.

그리고 국토의 약 70%가 산악지대로 형성된 금수강산인 우리나라에서 대도시를 조금만 벗어나도 문전옥답에 숲이 있는 시골 마을 풍경은 쉽게 찾을 수 있습니다.

그래서 자연환경만 보고 귀촌지역을 선택할 때 생길 수 있는 시행 착오 사례를 들어 보겠습니다.

수도권 지역에서도 조용한 시골 마을이 인구가 늘어나면서 도시도 아니고 농촌도 아닌 기형적인 난개발 형태로 발전하는 모습을 우리는 많이 보아 왔습니다.

그러나 기존에 살던 원주민들은 난개발에 대하여 적극적으로 저항하지 않습니다. 왜냐하면 토지 가격이 2~3배 이상 상승하다 보니 팔고 어디든 갈 수 있기 때문입니다.

그러나 수도권이나 대도시 인근 지역이 아닌 지역은 잘못된 선택으로 인한 손해가 클 뿐만 아니라 그 피해 기간이 길어집니다.

어느 광고 문구와 같이 순간의 선택이 10년을 좌우하는 현상이 생길 수 있다는 것입니다.

* **사례 1:** 풍수지리설로 보아도 명당인 배산임수형 택지에 문전옥답형의 시골 농가를 구입한 사례.

그림 같은 전원 풍경에 요양 목적으로 귀촌한 A씨 부부가 사는 곳은 남향 주택으로 겨울철은 햇볕이 따뜻하고 시골 공기도 청량하고 살 만했습니다.

그러나 농사철이 되고 여름이 되어보니 농가 앞쪽 드넓은 문전옥답에 비만 오고 나면 마을 농부들이 농약을 살포합니다. 우리나라는 여름에는 남동계절풍이 부는 기후이기 때문에 농약이 바람에 날려서 농가 주택으로 전부 날아들었습니다.
찌는 더위에 창문도 못 열어놓고 한증을 하거나, 에어컨을 켜고 살다 못해 집을 비우기도 하다가 결국 시골 농가를 매도하고 산골로 이주한 사례도 보았습니다. A씨가 귀농한 분이라면 최고의 명당이 되었을 것입니다. 그러나 요양 장소로는 명당이 아닌 것이었습니다. 이와 같이 귀농, 귀촌 목적에 따라서도 명당은 달라지는 것입니다.

*** 사례 2:** 온통 주변이 밭으로 개간된 구릉지 정상 부근에 밭을 매입하여 햇볕 잘 들고 사방팔방 전망 시원하고 꿈에 그리던 언덕 위의 하얀 집을 짓고 귀농한 40대 가족 사례.

꿈에 그리던 환상은 3개월이 유효기간이었습니다. 여름에는 그늘 하나 없는 불볕 직사광선으로 고생하고 천둥, 벼락 칠 때면 심리적으로 불안하고 위험을 느껴서 지붕 위에 피뢰침도 달았습니다.
겨울이면 사방에서 칼바람이 시도 때도 없이 불어 닥쳐 집 안에만 꼼짝없이 있어야만 했습니다.
풍수지리설에서도 양택이나 음택이나 최고의 명당 자리는 황금빛 암탉이 알을 품고 앉은 형상(금계포란형 택지)의 안온한 지형이라

했습니다.

언덕 위의 하얀 집은 전망은 시원하고 좋을지 몰라도 사람이 생활하는 데 역시 불편한 점이 많은 듯합니다. 언덕 위에 하얀 집을 준공하고 1년 만에 땅값과 주택 건축비만 받고 팔려고 하였으나 팔리지를 않아 전세를 주고 도시로 다시 돌아갔습니다.

이 사례에서 보듯이 귀농이든 귀촌이든 3년 이내에 주택 건축에 거금을 들여서는 안 된다는 것입니다. 시골집은 도시 아파트와는 다릅니다. 주택 준공을 한 날부터 주택 건축비는 감가상각이 시작되고 시세는 감가상각보다 더 빠르게 하락한다고 보시면 됩니다. 따라서 중산층 이하 서민들인 귀농, 귀촌인들은 절대로 주택 규모도 작게 설계하고 건축비도 적게 들여야 합니다.

* 사례 3: 토지 앞쪽 길 건너편에는 강이 흐르고 토지 뒤쪽에는 산이 붙어 있는 배산임수형 토지에 민박집을 지은 사례

이분들은 50대 후반 부부로 1,000평이 넘는 토지를 사서 150평 정도를 대지로 형질 변경하여 2층 주택을 건축하여 1층에는 원룸형 방 3개를 두어 민박용으로 하고, 2층은 부부의 생활주택용으로 설계하여 건축하였습니다.

그러나 3년이 지나도록 민박용 방은 7~8월에도 1~2주 빤짝 방 1~2개에 민박 손님이 있고 1년 내내 비어 있는 처지입니다. 그리고 밭에는 고추와 감자 그리고 메밀 농사를 지었으나 생산비를 포함한 연 수입이 500만 원이 되지 않는 실정입니다. 그리고 배산임수형

> 토지라 해도 북서향 지세이기 때문에 겨울에는 강바람에 북서 계절풍까지 겹쳐 집 마당에서 돌풍까지 일어납니다. 이분들은 도시로 다시 돌아가고 싶어 합니다.
> 그러나 주택 규모가 거의 50평 정도로 건축비가 많이 들어가서 투자된 금액을 회수하기가 쉽지가 않아서 고민 중입니다.
> 이 사례 역시 주택 규모가 커서 건축비가 많이 들어간 것이 화근입니다.

상기 사례와 같이 귀촌인은 자연환경을 겉만 보고 판단하지 말고 귀농, 귀촌 목적에 부합하는지를 여러 가지로 심사숙고해서 결정해야 합니다.

특히 요양, 휴양이 목적인 귀촌인은 휴양림 인근 지역이 최상일 것입니다. 왜냐하면, 국가와 지자체에서 각종 운동시설과 삼림욕장 그리고 산책로와 등산로 등을 잘 정비, 관리하고 있기 때문입니다.

6) 생활환경

사람의 생활에는 자연환경 못지않게 생활환경 또한 대단히 중요합니다. 생필품을 살 수 있는 시장과 마트 그리고 병의원과 은행, 우체국, 관공서 등 생활환경 여건을 잘 살펴야 합니다. 저의 경험상으로는 면 소재지나 간단한 생필품을 살 수 있는 마트나 편의점은 약 4km 정도이고, 5일장 또는 할인마트 그리고 농협, 우체 국, 금융기관, 학교, 병. 의원은 약 8km 정도이면 적당할 것으로 사료됩니다. 물론 도로 사정과 지역에 따라 사정은 약간씩 달라지겠지요.

그리고 이웃사촌의 정서와 수준도 어느 정도 파악하여야 합니다. 내가 살아온 정서와 수준에서 동화(同和)할 수 있을 것인가를 한 번쯤은 곰곰이 생각하여야 합니다. "좋은 이웃은 땅값의 10배를 지불해도 아깝지 않다"는 내용의 천만매린(千萬買隣)이라는 기록이 중국 남북조 시대의 남조 역사서인 『남사』에 나옵니다.

따라서 도시에서는 좋은 교통, 좋은 학군, 좋은 환경이 주택을 선택하는 기준이라면 농촌에서는 좋은 교통, 좋은 이웃, 좋은 환경이라고 할 수도 있습니다.

그리고 심리적 안정감을 위해서 기존 농촌마을 속으로 귀촌한다면, 무조건 참는다는 각오를 단단히 하고 적응하고자 노력하여야 할 것입니다.

예를 들면, 밤에는 건조기 소리, 보일러 소리 등이 수면을 방해하기도 하고, 꼭두새벽부터 닭 울음소리와 경운기 소리 등 시골마을에서의 생활소음이 도시에서 온 올빼미형 귀촌인의 단잠을 깨우기도 합니다.

그리고 연탄가스 냄새, 연탄재, 쓰레기 소각 등 생활환경문제도 있고 꼭두새벽부터 찾아오는 이장이나 옆집 할머니가 있기도 합니다. 이와 같이 도시생활과는 다른 생활 문화가 농촌에는 아직도 많이 남아 있습니다.

그러나 산골오지 외딴 곳은 이웃과의 갈등 문제는 없으나 무서움, 외로움, 긴장감으로 안정감이 많이 떨어집니다.

따라서 귀촌인의 성격에 따라 어느 쪽을 선택할 것인지를 심사숙고하여야 합니다.

7) 혐오, 기피시설(축사, 고압선로, 분뇨처리시설 등)

귀농, 귀촌해서 모두가 제일 먼저 하는 행위가 텃밭 만들어 채소 키우기이며, 다음에 하는 행위가 개를 키우고, 세 번째 하는 행위가 닭과 염소 등 가축을 키우는 일입니다.

그런데 이웃이 키우는 닭 50수 이하 소규모 축사도 여름에는 냄새가 발생하고 파리, 모기, 하루살이 등 해충이 많이 생깁니다.

그래서 분쟁과 갈등이 생겨 이웃 간에 반목하기도 합니다. 그래서 대규모 우사, 돈사, 계사 등 축사는 반드시 점검할 사항입니다.

지형에 따라 차이가 있겠지만 축사에서 최소한 약 4km 이상 떨어져 있어야 안전한 토지라 할 수 있을 것입니다.

주택에서 50m 정도 떨어진 아랫집 밭 비닐하우스에서 닭 30~40마리 키우고 있는 것을 별로 의식하지 않고 집과 토지를 구입하였으나, 살아보니 바람이 집 쪽으로 불면 닭똥 냄새가 나서 아랫집과 갈등이 생긴 사례도 있습니다.

그리고 고압선로도 문제입니다. 전자파 유해논란은 아직도 계속되고 있으며, 미관상으로도 안 좋고, 태풍 시에 위험스럽기도 하여서 기피시설임은 분명합니다. 따라서 고압선 철탑과 고압선로에서 직선거리가 최소한 1km 이상은 떨어져 있어야 심리적으로 안심이 될 것입니다.

어느 귀촌인은 국도에서 500m 거리에 숲속 계곡 옆의 햇볕이 잘 들고 지대가 약간 높아 전망이 국도 건너편에 흐르는 강을 조망할 수도 있는, 약 600평 정도의 마음에 쏙 드는 땅을 보자마자 계약을 하고 돌아왔습니다.

그런데 잔금 치르고 나서 다시 가서 주변을 찬찬히 살펴보니 매입한 토지 상공으로 고압선로가 지나가고 있는 것을 보고 가슴이 철렁 내려 앉았다고 합니다.

그래서 부동산 중개사무소에 항의도 해 보았지만, 해결책이 없어서 다시 원가로 매도 요청하였으나, 1년이 지나도록 팔지 못하고 있는 경우도 보았습니다.

그러므로 토지를 매입할 때에는 계약하기 전에 최소한 2~3회는 인근 지역을 찬찬히 살펴보고 나서 계약을 해야 합니다.

마음에 든다고 조급한 마음에 성급하게 계약하면 분명히 후회할 일이 많아집니다. 물론 매물을 2~3회 신중하게 살펴보고 나서 가보니 이미 매각되었을 수도 있습니다. 그러면 그 매물은 자신과 인연이 없는 토지라고 생각하면 됩니다.

어떤 토지도 완전한 토지는 없습니다. 모든 토지는 일장일단이 있게 마련이지만, 치명적인 단점을 간과하면 후회와 손해가 너무 크기 때문입니다.

따라서 마을 공동묘지, 분뇨처리시설, 폐비닐 집합장소, 공해공장 등 기타 혐오기피시설이 있는지 해당 토지 인근 주변 지역을 2~3회 세심하게 살펴보아야 할 것입니다.

5. 땅 찾는 방법(땅 정보매체)

1) 현지 부동산 중개업자

현지에 가면 현지 부동산 중개업자를 방문하여 물건 소개도 받고 가격 동향도 파악하게 됩니다.

그리고 소개받은 물건 중 관심 있는 물건의 지번 등을 메모하여 인터넷 직거래 등 땅 정보매체를 검색하여 같은 물건이 있는지 반드시 확인하고 2~3회 답사하여 앞서 설명한 토지답사 체크리스트에 의거하여 세심하게 살피고 공시지가, 주택 고시가격 등 가격과 권리 관련 서류도 확인한 연후에 가격 흥정에 들어가야 안전합니다.

부동산 중개업자 말만 믿고, 즉흥적으로 계약하면 후회할 수 있습니다.

왜냐하면, 매물 소유자와 중개업자 사이에 토지대금으로 일정 금액 이상을 받으면, 일정 금액 초과 금액을 중개업자에게 중개수수료로 지급하는 밀약을 하는 경우도 있기 때문입니다. 그래서 중개업자 소개 매매 금액은 정상가보다 약 10% 이상 비싼 경우도 있습니다.

그리고 시골 부동산 중개수수료는 법정수수료보다는 더 요구하기도 합니다. 시골 부동산은 도시의 아파트 소개와는 달리 매물 현장 답사 소개시에 보통 거리가 5~10km가 넘는 경우가 많기 때문에 자동차 운행 비용 등이 많이 들기 때문입니다.

그래서 시골 매물을 답사할 때도 유류비 등 실비 변상금액 정도는 지불하는 선진 부동산 중개문화가 정착되어야 위와 같은 매도 가격에 웃돈을 얹는 부동산 중개 편법이 줄어들지 않을까 생각합니다.

2) 인터넷 직거래 등

인터넷 포털 사이트 네이버 부동산, 다음 부동산과 벼룩시장 부동산 직거래, 부동산114등 부동산 사이트 그리고 귀농사모, 지성아빠 등 카페 부동산 정보를 통해서 직거래를 할 수도 있습니다. 직거래를 할 경우의 장점은 쌍방의 중개수수료가 없으니 최소한 1~2% 비용이 절감되며, 부동산 가격 거품이 없다는 것입니다.

그러나 매도인의 일방적 가격으로 시세 파악을 잘못해서 오히려 더 비싼 경우도 있고, 본인 확인, 권리 확인 등 부동산 거래 시 입회인이 없어 법률적으로 부담이 되기도 합니다.

그래서 매도자 본인 확인과 매물 확인을 신분증, 인감증명, 인감도장과 주민등록초본, 등기부등본, 토지대장, 건축물대장을 발급받아 철저히 하여야 합니다. 또한 토지이용계획확인원, 지적도 등을 발급받아 부동산의 현황과 공부상의 차이 그리고 땅 보는 방법 7가지 기준에 따라 꼼꼼하고 확실하게 파악하여야 합니다. 현황과 공부상의 차이는 매매계약서 특약사항으로 명기하여야 합니다.

이와 같은 매매계약서는 부동산 등기이전을 대행할 법무사 사무소에 매도인과 매수인이 함께 가서 작성을 의뢰하고, 매매대금은 매도인의 예금계좌에 입금하는 것이 안전합니다. 잔금 지불

시에 다시 한 번 등기부등본 등 공부를 발급받아 이상이 없는지 확인하여야 합니다.

3) 지역 선택 및 귀촌 체험

귀촌인이 선호하는 지역을 인터넷 등 정보를 통하여 직접 선택하여 여행 삼아 직접 현지답사를 하거나 인근 지역에서 주택을 임차하여 농어산촌 마을을 직접 체험하면서 믿을 수 있는 이장 또는 주민들을 통하여 매물 정보를 탐문하는 방법입니다.

이 방법은 기간도 오래 걸리고 비용이 많이 드는 단점은 있으나 현지 부동산 또는 해당 지역의 경매, 공매 사이트를 통하여 매물 정보를 서로 비교 보완한다면 가장 좋은 결과를 얻을 수 있는 최상의 방법입니다.

4) 경매, 공매 사이트

경매는 대법원 경매 사이트에서 공매는 자산관리공사 온 비드 사이트에서 검색하여 매물을 찾는 방법입니다.

경매, 공매 물건의 감정가격은 일반적으로 시세의 70~80% 선으로 가격이 싼 장점이 있으나, 권리분석 등 법률적 전문지식이 필요합니다. 그러나 조금만 관심을 가지고 경매법정에 가보고 인터넷 정보를 통해서 공부하면 얼마든지 나 홀로 경매, 공매도 가능합니다.

6. 경매 사례

1) 경매 절차

　대법원 경매사이트에서 원하는 지역 관할법원에 들어가서 매물 정보를 열람하여 관심이 가는 매물이 있으면, 클릭합니다.
　그래서 감정평가서와 사진 등으로 물건에 대한 세부사항들을 검색하고 네이버, 다음 사이트의 위성지도로 현장 주변의 도로망, 고압선로, 축사, 광산이나 대형 공장 등을 파악합니다.
　그리고 국토부 사이트에서 토지이용계획확인서를 열람하고, 대법원 등기소 사이트에서 토지 건물 등기부등본과 정부 전자민원 사이트에서 토지 건물대장과 지적도 그리고 공시지가확인원 등을 열람하여 권리분석과 공부상의 가격 그리고 지적도상 맹지 등을 파악합니다.
　매물 현장을 답사하고 시세를 확인합니다.
　경매기일에 법원 경매법정에 출석하여 입찰에 참여합니다.

　입찰 시에 가장 조심할 사항은 입찰서에 입찰가격 기입입니다. 입찰가격을 기입할 때 숫자에서 착오로 0을 하나 더 붙이면 30,000,000원이 300,000,000원이 됩니다. 그러면 100% 자신에게 낙찰이 되지만 착오를 주장하며 매수승낙을 하지 않게 됩니다.
　그러나 법원에 이미 납부한 자신이 쓰고자 했던 30,000,000원에 대한 10% 입찰보증금 3,000,000원은 반환받지 못하게 됩니다.
　따라서 입찰자는 입찰가격을 입찰서에 기입할 때 2번, 3번 확인하는 것을 절대로 잊어서는 안 됩니다.

낙찰이 되면, 농지취득자격증명과 대금 납부절차를 거쳐 법원으로부터 등기촉탁서(이전)를 발급 받아서 법무사에게 법원 촉탁 등기를 의뢰하면 됩니다.

2) 낙찰받은 부동산에 점유자가 있을 때

낙찰받은 부동산에 점유자가 있을 때는 법원에 인도 명령을 신청하면 됩니다. 인도명령 신청 기간은 낙찰받은 날로부터 6개월이며, 그 기간이 지나면 명도소송을 해야 하는 불편함이 있습니다.

제2장
자연과의 싸움 그리고 공존

7. 야생으론 살 수 없다
- 어떤 수준에서 타협할 것인가?

　자연 특히 산골의 숲속은 생명의 원천이며 아름답고 인간에게 사색과 지혜를 줍니다. 그러나 자연은 각종 동.식물들이 서로 생존 경쟁을 하는 장소로 소리 없는 전쟁터와 같이 거칩니다. 따라서 그곳에 사는 사람이 어느 선까지 자연과 타협하며 살 것인가를 결정해야 합니다. 산골로 귀촌하는 사람들도 성격과 가치관에 따라 자연과의 타협선도 천차만별입니다.
　예를 들면, 산골 진입로를 포장하지 말자는 주장과 포장을 하자는 주장이 대립하기도 합니다. 그런데 포장을 하지 말자고 주장하는 사람도 대부분 자동차는 포기하지 않습니다. 이 또한 아이러니가 아닐 수 없습니다.
　밭작물에 대한 멧돼지와 고라니 피해를 막는다고 전기 울타리를 치는 것은 과잉대응이다, 아니다 대립하기도 합니다.
　그리고 정화조 배출 배관을 직접 개울로 연결해도 된다는 주장과 정화조 배출 배관 바로 밑을 1m 이상 파고 모래, 자갈 등을 넣고 지하로 스며들게 하자는 주장 그리고 작은 연못을 만들어서 연꽃 등 수생식물로 다시 한 번 정화시킨 후에 개울로 배출시키자는 주장이 대립하기도 합니다. 그러나 수세식 화장실 사용은 포기하지 않습니다.
　또한 집 마당과 주변에 나타나는 뱀을 죽여야 한다와 쫓아야 한다 그리고 멀리 갖다버려야 한다. 심지어 잡아먹어야 한다 등 제

각각입니다.

그래서 생각과 가치관이 다른 사람과 대립과 갈등을 하면서 사느니 차라리 안 보고 살겠다는 은둔형 귀촌인도 있습니다. 그분은 자신의 약 7,000평 토지 중 본인 시야권의 토지는 돈이 궁해도 절대로 팔지 않겠다는 것입니다. 왜냐하면, 타인이 토지를 사서 주택을 지으면 자신이 시험에 빠져 드는 것이 싫을 뿐이라고 합니다.

그런데 그분은 독실한 기독교 신자이며 해외 봉사활동도 하시는 아주 선한 사람입니다. 그리고 보통 사람이 상상하기 힘들 정도로 검소하게 생활하십니다. 노부부 한 달 생활비가 보통 30만 원을 넘지 않는다고 하십니다.

그분은 어떤 손님이 오셔도 냉수 한 잔이나 직접 담은 유자청 등을 물에 타서 주십니다.

또한 화목 보일러를 사용하시는데 1년 365일 주변에서 죽은 나무와 간벌한 나무를 주워 모아서 겨울 땔감으로 준비합니다. 그래서 그분은 자칭 나무꾼 할아버지이며, 육고기를 먹지 않는 채식주의자이기 때문에 부식비가 거의 들지 않습니다.

그분 말씀으로는 한 달 20만 원으로 생활하시는 달도 많다고 합니다. 물론 자가용도 없으니 가능한 일입니다. 저는 자동차를 소유하고 있었기 때문에 산골생활에서 난방비보다 더 큰 비용은 자가용 유류비와 유지 비용이라는 사실을 잘 알고 있습니다. 자가용만 없애면 산골생활에서 불편함은 많겠지만 그분 말씀이 가능한 일입니다. 그리고 그분은 6.25 전쟁고아로 미군부대에서 구두닦이를 하면서 학교를 다니며 인생을 사신 분이라서 근검절약이 몸에 배어 있는 분입니다. 보통 사람은 아무나 흉내 내기 어렵습니다.

그러나 산골 귀촌생활도 사람의 삶이고, 야생으로는 살 수 없습니다. 그리고 인간은 사회적 동물입니다. 그래서 우리 민법에서도 상린관계를 규정하고 서로 인내하고 타협하며 살도록 하고 있습니다.

특히 산골로 귀촌하는 사람은 도시생활에 염증이 나거나, 정신적 육체적 고통이 있는 사람이 마지막으로 자연에 의지하고 싶어서 귀촌하는 사람들이 대부분이기 때문에 개성이 강하고 이상주의 성향이 강합니다.

그러나 산골로 귀촌하는 분들도 원시 야생 상태의 자연인으로는 살 수 없다는 사실을 직시하고, 백만금으로 집을 사고, 천만금으로 이웃을 산다는 천만매린(千萬買隣)을 깊이 음미하며 심사숙고하여서 자연과 이웃관계에서 어떤 수준에서 타협할 것인가 결정해야 합니다.

8. 계곡 개울은 자연이 주신 정수기이며 작은 사방댐이다

산골 귀촌생활에서 계곡 개울은 일하다 갈증 나면 먹기도 하고, 땀이 나고 더우면 손발도 씻고 세수에 등목까지도 하는 산골생활의 백미라고 할 수 있습니다.

그리고 잘만 관리하면 무동력 물레방아에 조그만 연못과 자연 냉장고에 음이온 방출기 역할까지 그 이용가치는 무궁무진합니다.

그러나 잘못 관리하면 맑은 개울은 온데간데없고 하수도와 오수천으로 전락하고 맙니다.

제가 귀촌한 계곡 개울도 개울둑에 폐냉장고 3개, 폐TV 2개, 폐세탁기 2개 그리고 각종 비닐과 생활쓰레기 소각 잔해물로 쓰레기 처리장에 가까웠습니다. 보이는 쓰레기만 치우는 데 1톤 트럭 1대 분량이 나왔습니다. 오죽하면 면사무소 계장이 대형폐기물 부착 스티커를 3~4만 원어치를 구입하자 이런 경우는 처음이라면서 깎아 드리라고 농담까지 하였습니다.

그리고 개울 건너 상류 쪽에 은퇴 예정자 한 사람이 귀촌 예정지로 들어와서 개울의 자연석을 자신의 진입로 도로 축대로 사용하는 바람에 비만 오면 유속이 빨라져서 개울이 점차 변하기 시작하였습니다.

그래서 다슬기와 버들치도 개체수가 많이 줄고 공생관계인 반딧불이도 많이 줄었습니다.

자연 속에 들어와서 살고자 하는 사람은 자연의 섭리를 되도록 따라 살도록 노력해야만 합니다.

계곡 개울을 자세히 관찰하면, 바위와 자갈 그리고 모래와 수초로 형성된 기가 막히게 정교한 정수기입니다. 또한 유속의 속도를 줄여주는 바위와 자갈 그리고 구불구불한 S자형 굴곡이야말로 자연이 만들어 주신 하류 범람과 홍수 피해를 줄여주는 사방댐입니다.

이와 같이 자연은 우리에게 많은 지혜를 줍니다. 노자는 『도덕경』에서 물(水)은 도(道)에 가까우며 상선약수(上善若水)라 하여 물과 같이 사는 인생을 인간의 최상의 삶이라 했습니다.
그리고 자연은 1년에 1차례씩 장마와 태풍을 몰고 와서 개울 바닥까지 대청소를 해 주시는데도 불구하고, 인간은 쓰레기나 버리고 개울 돌이나 가져다 사용하는 등 개인의 이기주의적 욕망을 채우고 있으니 자연 재해는 대부분 인재인 것입니다.

개울 청소는 자연이 만들어 주신 대로 관리만 하면 됩니다. 집중호우로 돌들이 이동하고 개울둑에 빠진 돌들을 제자리로 옮겨주면 되는 것입니다.
그런데 개울 돌들을 전부 긁어다가 도시하천 복개공사 하듯이 직각으로 빈틈없이 축대를 쌓고 있으니 하천 공사업자만 돈 벌고, 자연하천은 온데간데없고, 매년 유속이 빨라져서 홍수와 복구공사가 반복되는 악순환만 되풀이되고 있는 현실이 안타깝습니다.
그 결과 자연 개울에 있던 바위, 자갈, 모래가 줄어들어 수초가 있을 공간이 없어져서 개울 정수 기능이 마비되고, 어류도 급감하는 등 생태하천은 급격히 악화되어 갑니다.

　귀농 귀촌인은 이 점을 명심하시고 자신이 귀농, 귀촌한 지역 실개천 살리기에 동참하기를 바랍니다. 이러한 작은 실천이 우리의 사랑스런 아들 딸들에게 가장 값진 유산을 물려주는 것이라는 사명감을 갖고 실천하기 바랍니다.

9. 자연과의 투쟁

1) 뱀 이야기

　상기 첫머리 이야기에서 지적한 대로 무릉도원의 환상을 단번에 깨버린 주인공이 바로 야생 뱀임을 지적한 바 있습니다. 산골 귀촌은 야생과의 투쟁이며 공생의 지혜를 터득해야 합니다.
　그리고 뱀이 있다는 것은 역설적으로 청정지역이며, 생태계가 잘 보존되어 있다는 반증이기도 합니다. 뱀과의 공생이 무얼까? 인터넷을 검색하고 원주민 어르신들에게 자문을 받아 보았지만, 여러 가지 처방은 많았지만 효과는 신통치가 않았습니다.
　예를 들면, 보이는 대로 죽여야 한다, 쫓아야 한다, 잡아서 몸보신으로 먹어라, 자루에 담아 강 건너 멀리 버려야 한다, 백반이나 석회가루 또는 담배꽁초, 폐유 찌꺼기를 집 주변에 놓아라, 집 울타리와 개울가에 봉선화를 심어라 등 각양각색이었습니다. 그러나 이러한 처방을 전부 실행하여 보았지만 백약이 무효였습니다.

　결론은 주택 울타리 안쪽의 모든 축대를 허물거나 흙으로 덮어 돌을 없애고 풀과 연못 등 물을 없애서 뱀이 좋아하는 생태환경을 없애야 합니다. 그리고 봄철에는 각종 산새들의 번식기이기 때문에 주택 주변에 새집 지을 공간을 없애야 합니다. 그대로 두면 심지어 보일러 연통 배관이나, 환풍기 배관 속에 새집을 짓기도 합니다. 그리고 새집에서 알이 부화하여 새끼가 되면 새끼들이 먹이 달라고 찍찍하는 소리를 듣고 뱀이 새집까지 올라가서 새끼를 잡아먹기도 합니다.

정말로 도시인들은 상상할 수도 없는 일입니다. 그러나 산골에서는 소리 없이 약육강식의 살벌한 생존 경쟁이 일상적으로 벌어집니다. 그래서 모든 구멍은 양파망 등으로 막아야 합니다.

그렇게 예방해도 한번 주택 주변에서 터를 잡았던 뱀은 주택 주변 영역을 잘 떠나지 않습니다. 그때는 할 수 없이 주택 주변에 출몰하는 뱀은 가차 없이 처형하여 묻어주는 방법을 엄격하게 실천하니 약 3년 만에 주택 영역에는 거의 나타나지 않았습니다.

그런데 뱀은 살아 있는 곤충이나 동물만 먹고 아침 이슬을 먹고 산다는 깨끗한 생물입니다. 그러나 독이 있어 위험하고 너무 징그러워서 보통 사람들은 친해지기가 쉽지 않은 것이 문제입니다.

특히 독이 없는 화사나 밀(누룩)뱀은 사람 발소리만 들어도 도망가서 그나마 다행이지만, 독사나 살모사는 독을 가지고 있다고 사람이 다가가도 똬리를 틀고 앉아 머리를 바짝 처 들고 공격 자세를 취합니다.

그래서 곡괭이를 가지러 갔다 와도 날 잡아 보라고 그대로 공격 자세로 취하고 있는 경우가 많습니다. 이런 경우, 곡괭이로 머리 부분을 한 방 먹이면 바로 즉사합니다.

우리나라 전설에는 뱀의 변신과 복수 이야기가 하도 많아서 죽은 뱀은 정중히 땅속에 묻어 주었습니다. 얕게 묻으면, 밤에 오소리나 너구리 또는 멧돼지가 파고 가져가기도 합니다. 그래서 그런지 일부 원주민들은 죽은 뱀을 나뭇가지에 걸어 놓기도 합니다. 처음에는 기겁을 하였습니다.

독사나 살모사도 사람을 먼저 공격하지는 않습니다. 산골 주민들이 뱀에 물리는 사례를 보면, 남자와 어린아이는 발을 잘 물리고, 여자는 손가락을 잘 물립니다.

왜냐하면, 남자와 어린아이들은 개울에 맨발로 들어가거나 풀숲에 들어가다가 보호색을 가진 뱀을 보지 못하고 밟아 물리는 경우가 많습니다.

여자들은 밭에서 잡초를 뽑다가 손가락을 잘 물립니다. 특히 비닐 멀칭한 고추밭에서 고추 밑동 잡초를 뽑으려고 멀칭 구멍 안에 손가락을 들이밀다가 햇볕을 피해 그 안에 있던 독사 새끼가 자기를 공격하는 줄 알고 문다는 것입니다. 그러면 간이 튼튼한 사람은 생명에 지장이 없으나, 간이 약한 사람은 해독 기능이 약해서 사망할 수도 있으니 바로 병원으로 가서 해독제 주사를 맞아야 합니다.

따라서 해당 지역에서 가장 가까운 해독제가 있는 병의원을 파악해 두는 것이 현명합니다.

2) 말벌/ 땅벌 이야기

산골생활에서 제일 무서운 생물이 말벌과 땅벌입니다. 예초기로 풀을 베다가 말벌이나 땅벌 집을 잘못 건드리면 정말로 치명적입니다.

벌에게 많이 쏘이면, 독사에게 물린 것보다 더욱 위험할 수도 있으니 즉시 병, 의원에 가서 해독제 주사를 맞아야 합니다.

그러나 말벌 집과 말벌 애벌레는 좋은 보양식이기도 합니다. 말벌 집은 아무리 커도 벌들이 드나드는 입구가 하나입니다. 따라서 그 입구를 나무 막대기로 막으면 안에 있는 말벌 떼는 나오지를 못합니다. 그러면 양파망 같은 주머니로 말벌 집 전체를 감싸고 윗부분을 칼로 도려내어 채취할 수 있습니다.

말벌 집은 술로 담가 먹어도 되고, 차로 끓여 먹으면 항암물질 등 우리 몸에 좋은 성분이 있다고 합니다.

《본초강목》과 《동의보감》에도 노봉방주는 호봉의 봉소(벌집)로 담금 술을 지칭하는데 항암, 항염, 항산화 작용이 있어서 암, 전립선 비대증, 뇌혈관 질환, 관절염, 중풍, 고혈압 등을 고치는 데 효과가 있다고 합니다.

그리고 말벌집 애벌레들은 고단백 식품으로 튀겨 먹거나 볶아 먹으면 최고의 보양식이 됩니다.

3) 지네 이야기

지네는 보기가 징그럽기도 하지만, 시골집에서는 한밤중에 방에 나타나 잠자는 사람을 물기도 합니다. 지네 독은 산성이고 약하기 때문에 건강한 성인은 물린 부위가 심한 통증과 함께 붓기는 하지만 암모니아수를 바르면 가라앉는다고 합니다.

그러나 지네에 물려 쇼크사한 사례도 있고 하니 지네에 물렸을 때에도 병·의원에 가서 해독제 주사를 맞는 것이 좋다고 생각합니다.

특히 흙집이나 통나무집에서는 방에 지네가 들어올 수 없도록 각별히 신경 써서 틈새를 막아야 합니다.

  지네는 낙엽이나 흙 속, 썩은 나무 아래에서 살며 소형 거미나 곤충을 잡아먹고 삽니다. 퇴치 방법으로 집 주변에 페니트로디온 5~10cm 두께로 두르는 방법 또는 바퀴벌레용 에어로졸을 직접 뿌리는 방법이 효과가 있다고 합니다.

  말린 지네는 한방에서는 한약재로 사용하며, 민간에서는 소아경풍, 늑막염, 뱀에게 물렸을 때에 이용하기도 합니다.

10. 자연환경과 밀접한 질병 관리

도시에서 30년 이상 살던 사람이 귀농, 귀촌해서 시골생활을 하다 보면, 원주민보다 토착병의 면역 기능이 떨어질 수밖에 없습니다.

특히 자연환경과 밀접한 질병 관리에 주의를 요합니다.

1) 파상풍(녹슨 대못 등)

아마도 50세 이하 국민은 어린 시절 DPT 예방주사를 맞아 파상풍의 면역이 되어 있을 수 있으나 50세 이상 국민은 어린 시절 DPT 예방주사를 맞지 않았거나, 면역 기간이 지나서 면역 기능이 없을 수 있습니다. 따라서 파상풍 예방접종을 받거나, 각별한 주의를 요합니다.

예를 들면, 오래된 농가주택 철거나 보수 시 녹슨 대못 등에 깊이 찔리거나, 밭일을 하다가 깊은 상처를 입었을 때에는 즉시 깨끗한 흐르는 물에 씻고 항생 연고 등을 발라 감염을 예방하여야 합니다.

만약 근육 경직이나 통증 그리고 미열과 두통이 있고, 몸살 같은 징후가 나타나면 즉시 병원에 가서 파상풍 검사와 치료를 받아야 합니다.

2) 유행성 출혈열(들쥐)/ 쓰쓰가무시(털진드기)

매년 늦은 봄이나 늦가을에 풀밭에서 일을 했을 경우에는 옷을 갈아입고 목욕을 반드시 하여야 합니다. 들쥐 배설물로 인한 유행성 출혈열이나 털진드기에게 물려서 쓰쓰가무시 병원균 감염이 의심될 수 있기 때문입니다.

나의 오랜 친구는 충남 서산으로 귀농(산란계 농장)하여 성공적으로 정착하였습니다. 그러던 어느 날 감기, 몸살 증상이 있어 서산에 있는 병원에 제 발로 걸어 들어갔다가 유행성 출혈열 확진이 늦어져서, 혼수상태가 되고 천안에 있는 대형 병원으로 후송되었으나, 다행히 1주일 만에 깨어났습니다.

예방주사가 있다고 하니 들쥐가 많은 지역에서는 예방접종을 받든가, 보건 위생 관리를 엄격히 하여야 하고, 증상이 있으면 즉시 병원에 가는 적극적인 습관이 중요합니다. 물론 뱀이 많은 산골 지역이나 고양이를 많이 키우는 마을에서는 들쥐 개체수가 적고, 찍 소리도 못 내니 덜 위험하겠지요. 참으로 자연의 이치가 오묘합니다.

3) 디스토마와 중금속 오염(민물고기)

50대 이상 귀촌인들은 어린 시절 시골의 시냇물에서 미역을 감고 민물고기를 잡던 추억을 간직하고 있을 것이며, 백중을 전후한 여름철에 천렵을 즐기던 시절을 회상할 것입니다.

그래서 귀촌인들은 작은 계곡에서도 다슬기나 피라미도 잡고 저수지나 강에서는 붕어·잉어 낚시도 합니다. 이렇게 잡은 민물고기를 먹을 때는 디스토마와 중금속 오염을 생각해야 합니다.

우선 디스토마는 대별하여 간디스토마와 폐디스토마의 둘로 나누어 세균이 아니고 기생충의 일종입니다. 간디스토마가 붕어, 잉어 등 민물고기를 통하여 사람에게 기생하고, 폐디스토마는 민물의 게, 가재 등에 기생해 있다가 사람에게 감염을 일으키는 것입니다.
이러한 디스토마는 민물고기를 날로 먹을 때 감염되기 때문에 꼭 끓여 먹거나 구워 먹어야 합니다.
일부에서는 식초가 약이 된다고 초고추장에 찍어 먹거나 소주 등 독한 술과 섞어 안주로 먹으면 디스토마 벌레 정도는 알코올에 죽어 버린다고 믿고 있는 사람들이 의외로 많습니다. 이것은 잘못된 속설입니다.
지금은 특효약이 개발되어 치료가 가능합니다. 그러나 완쾌될 때까지 받는 고통과 피해를 무시할 수는 없습니다.

더 큰 문제는 중금속 오염입니다. 우리나라도 최근에 와서는 공장 폐수의 단속이 엄격해지고 있지만 공단 가까이에 있는 개울은 여전히 먹물 같은 물이 흐르고 있고 지방 중소도시의 하수는 그대로 방치되어 강으로 들어가고 있습니다. 논밭에 뿌리는 농약 역시 사람에게 해롭지 않은 것이 없습니다. 이런 농약이 그대로 물에 섞여 강으로 흘러들어 가고 있습니다. 그 결과는 메뚜기와 논에 사는 거미를 볼 수가 없고, 도랑의 물고기 개체 수가 희소하게 되었습니다.
따라서 귀촌인은 천렵이나 낚시로 잡은 민물고기는 끓여 먹거나 손맛만 보고 방생하는 것이 지혜로운 처신일 것입니다.

11. 반려동물과 가축 이야기
(개/고양이/소/돼지/닭/오리/염소 등)

　산골 생활 초기에는 무섭고 외롭고 적적하기도 하고, 멧돼지나 고라니 등 산짐승들의 농작물 피해를 막기 위해서라도 개 한 마리 정도는 키웁니다.
　그러나 광견병 등 예방 접종도 해야 하고, 매일 끼니 2번 챙겨주고, 똥 치우고 산보시키고 목욕시키는 일이 산골에서 간단한 일이 아닙니다.
　그리고 개를 홀로 두고 며칠 집 비우기가 여간 신경 쓰이는 일이 아닙니다.
　특히 겨울철에는 가축 물통의 물이 얼어 1~2일 이상 외출하기가 부담스럽습니다. 또한 산짐승이나 산새 무리를 보고 시도 때도 없이 짖기도 하여 조용한 삶을 방해하기도 합니다.
　그러나 영리하고 용맹한 개를 키우면 가끔 고라니나 토끼를 잡아와서 고기 맛을 보게도 합니다.
　그리고 고양이를 키우면 땅콩 등 뿌리 농작물의 최대 천적인 두더지를 잘 잡기도 합니다.

　그런데 칭찬이 과하면 영리한 개와 고양이가 뱀이나 두더지를 잡아 댓돌 위나 주인님 신발 속에 넣어 놓아서 주인님을 기겁하게도 하니, 과유불급은 개를 칭찬할 때도 맞는 말인가 봅니다.
　모든 일은 적당한 중용이 중요한 덕목임을 여기서도 깨닫게 됩니다.
 결국 조용한 산중 생활과 온전한 자유인을 꿈꾸는 사람은 반려동물이나 가축을 안 키우는 것이 상책인 것 같습니다.

 그러나 대다수 귀촌인들은 개 1~2마리와, 토종닭 10마리, 그리고 염소까지 2~3마리를 키우기도 합니다. 게다가 사냥 면허를 받아 겨울 사냥까지 하기도 합니다. 사격시험과 사냥면허 획득 그리고 총기 구입까지 약 200~300만 원 비용이 든다고 합니다.
 이러한 행위가 조용하게 산골생활을 하고 싶은 분이 가까운 곳에 산다면 방해가 되겠지요. 따라서 산골 이웃의 정서나 취미를 존중하면서 피해를 주지 않도록 배려하면서 반려동물과 가축을 키우고, 취미생활도 하여야 할 것입니다.

 참고로 축산법 제22조 제1항 4호, 축산법 시행령 제13조(허가를 받아야 하는 가축사육업)에서 축산업허가제의 기준은 두수가 아니라 사육 시설의 면적(가축별 두당 사육면적: 비육한우/7제곱미터, 비육돈/0.8제곱미터, 산란계/0.11제곱미터, 육용오리/0.246제곱미터)입니다
 그리고 2016년 2월 23일부터는 사육시설 면적이 50제곱미터를 초과하는 소, 돼지, 닭, 오리 사육업은 관련법에서 정한 사육시설, 소독시설, 방역시설 등을 갖추어야 하도록 강화됩니다.
 따라서 2016년 2월 23일부터는 축산업허가 없이 사육할 수 있는 가축의 사육두수는 비육한우 7마리, 비육돈 62마리, 산란계 454마리, 육용오리 203마리가 되는 것입니다.

12. 자연이 준 선물

　우리가 산촌으로 귀촌 생활을 시작할 때에는 따스한 햇볕과 맑은 공기 그리고 좋은 물을 마시며, 조그만 텃밭이나 가꾸고 산나물, 들나물이나 뜯어 먹고, 천렵이나 낚시 또는 명상이나 하면서 도인과 같이 유유자적(悠悠自適)하면서 살고자 합니다.
　그러나 산골 생활은 그렇게 호락호락하지 않습니다. 3~4월은 밭갈이와 기초 거름 그리고 모종 식재 등 한 해 농사준비가 바쁘고, 5월부터 9월까지는 풀과의 전쟁이며, 10~11월은 농사 수확과 김장에 정신없고, 12월과 다음해 1~2월은 땔감나무와 눈 치우는 일도 보통 노동이 아닙니다.
　만약에 집을 직접 짓는 귀촌인은 그야말로 약 2~3년은 집터 조성과 집짓기 그리고 조경공사 등으로 눈코 뜰 새 없습니다.

　그러나 마음먹기 따라서는 풀과의 전쟁을 포기하고, 제초제와 화학 비료를 사용하며 살거나, 풀과 함께 살면서 작은 텃밭으로 만족하며 산나물, 들나물을 채취하며 사는 방법도 있기는 합니다.
　그러나 혼자 사는 사람은 본인 의지대로 할 수 있지만 부부인 경우, 대개의 아내분들은 깨끗한 유기농 텃밭과 마당에 잔디밭 그리고 집 주변을 꽃밭과 밤, 대추, 사과, 배, 등 과일나무를 원합니다. 그러면 남편은 일상생활에서 상머슴 신세가 되고 맙니다. 따라서 부부간 타협이 쉽지가 않습니다.

산나물 들나물도 생태적 조건을 적당히 관리하여야 매년 계속해서 채취할 수 있습니다.

1) 들나물

집 주변을 대충 정리하고, 1~2년간 농약과 비료를 전혀 사용하지 않고 자연 그대로 방치하였습니다. 그 결과는 놀라웠습니다. 이른 봄 양지 쪽에서 쑥과 냉이가 저절로 올라오고, 달래, 질경이, 민들레, 씀바귀, 고들빼기, 익모초, 돌나물, 비름나물, 산미나리, 머위 등 이름 모를 들나물까지 수십 가지가 지천이 되었습니다.

그래서 우리 부부가 먹고도 남는 들나물과 산나물은 데쳐서 냉동고에 얼려 놓고 1년 내내 먹기도 하고, 일부는 데쳐서 건조시켜 묵나물로 보관하였다가 겨울에 먹으면 일품입니다.

2) 산나물

이곳 산골로 시집와서 55년간을 사시던 할머니는 매년 봄이면 산나물 채취하러 오시는데 산나물의 종류가 약 200가지나 된다고 합니다. 귀촌한 사람은 상상이 가지 않습니다.

그러나 산나물이 많이 나는 곳을 절대로 같이 가자고 하지 않았으며. 마을 사람들에게 우선권이 있는 송이 채취 입찰에도 참여하지 않았습니다.

왜냐하면, 할머니의 수입이 줄고 마을 원주민들의 큰 수입원을 빼앗는 경우가 되기 때문입니다.

그러나 귀촌인도 "서당개 3년에 풍월 읊는다"고 2~3년 살다 보면, 고사리 밭이나 산당귀, 두릅 등 산나물 밀집지역을 알게 됩니다.

그리고 머위, 산취, 곰취, 고사리, 고비, 산당귀, 우산나물, 산마늘, 두릅, 땅두릅, 잔대, 더덕, 도라지, 다래순, 칡순, 엄나무 순, 가시오가피 순, 송이, 능이, 먹(까치)버섯 등 20~30가지 종류는 알게 됩니다.

그래서 봄철이면 들나물, 산나물에 고추장과 된장으로 쌈밥이나 비빔밥에 시원한 돌 김치 한 사발이면 보약을 먹는 기분으로 산골 생활의 묘미를 체험합니다.

이와 같이 자연은 우리에게 먹을 것을 줍니다. 얼마나 감사합니까? 이것이 땅을 살리고 생태계를 보전하는 자연농법이고, 태평농법입니다.

그러나 산림법상 자신의 소유가 아닌 임야나 밭에서 허가 받지 않고 나물 채취 등을 하는 행위는 불법입니다. 그리고 소나무 재선충 약 주사 지역은 2년간 식용 불가 지역이라는 것을 알고 있어야 합니다.

제철에 먹고 남는 나물들은 물에 데쳐서 말리거나, 냉동보관을 하면 겨울에도 좋은 나물 재료가 됩니다. 따라서 산골 생활에서는 집 마당에 수도와 가마솥 화덕을 설치하는 것이 좋습니다.

3) 수액/ 산야초기름/ 도토리묵

산골 생활의 또 하나의 백미는 수액 받아먹기입니다. 단풍나무과에 속하는 낙엽 교목인 고로쇠나무 줄기에서 채취하는 고로쇠 수액은 2~3월에 채취하고, 머루, 다래수액은 4~5월에 채취하여 먹으면 불로장생의 약수를 마시는 기분입니다.

남는 수액은 냉동시켜 보관하여 마시기도 하고 밥물로도 사용합니다. 그리고 9~10월에는 산야초(산초, 제피, 달맞이꽃씨 등) 기름도 짜고, 도토리묵을 해서 먹기도 합니다.

따라서 산골생활은 부지런하기만 하면 부식비는 거의 들지 않습니다.

그러나 산에 가서 도토리나 산밤을 줍고 수액을 채취하고 나물을 캘 때 공짜는 아닙니다.

각종 벌레들에게 내 몸의 피를 대가로 치르고, 불 속으로 날아드는 불나방같이 눈 속으로 날아드는 하루살이처럼 생긴 이름 모를 날파리도 있어서 괴로움의 대가를 치르기도 합니다.

4) 산국 차

산골 묵은 밭 주변에는 산국화와 달맞이꽃이 많습니다. 산국 차는 신선들이 먹던 차라고 하여 만들어 보았습니다. 9~10월에 노란 산국화꽃을 따서 뜨거운 물에 데쳐서 체에 걸러 말립니다.

마른 산국을 커피 잔에 2~3송이 넣고 뜨거운 물을 부으면, 잠시 후에 물빛이 노란색으로 변하면서 산국화가 살포시 핍니다. 정말로 경이롭습니다. 맛은 처음에는 쓴맛이 강하지만 차차 단맛이 나며 뒷맛이 개운합니다.

따사로운 햇볕이 들어오는 늦가을 산골 황토 방에서 좌선을 하여 눈을 감고 산국차를 음미하면, 자신이 정말로 신선이 된 듯합니다.

산골에서는 칡차, 솔잎차, 구절초차 등 다양한 차를 만들 수 있습니다.

5) 발효액 담그기

가장 흔한 방법으로 대상물과 설탕을 1:1로 버무려 병이나 항아리에 담아 밀봉하여 그늘진 서늘한 곳에서 3개월간 발효시킨 후 체에 걸러 대상물을 걸러 내고 엑기스를 서늘한 곳에 보관하여 음식 할 때 사용하면 맛과 영양에 많은 도움이 됩니다. 그리고 우유 또는 물에 희석하여 마시면 건강 차나 건강 음료로 더없이 좋습니다.

체에 걸러낸 대상물은 씨만 발라내고 그대로 먹어도 좋고, 밑반찬으로 먹어도 좋습니다.

발효액을 담글 수 있는 재료는 무궁무진합니다.

예를 들면, 4월에는 솔 순, 5월에는 산딸기, 6~7월에는 개복숭아, 오디, 8월에는 칡꽃, 꼬약(토종자두), 9~10월에는 가시오가피 열매 등 너무나 다양합니다.

맛있는 발효액의 비결은 발효시키는 용기와 발효액 담는 용기의 소독이 가장 중요합니다. 용기를 끓는 물에 소독하거나 햇볕에 말려 물기를 없애야 합니다.

그리고 발효액을 사용할 때도 뚜껑 밀폐를 철저히 하고 물기가 들어가지 않도록 주의하여야 오래도록 맛있는 발효액을 음미할 수 있습니다.

그리고 발효액을 물에 희석하여 과일나무의 꽃과 과일에 2~3회 뿌려주면 친환경 농법으로 과일에 벌레 피해가 감소합니다.

6) 과일주 담그기

과일주도 가장 흔한 방법으로 대상물과 설탕을 2:1로 버무려 병이나 항아리에 담고, 대상물이 잠길 정도로 소주를 부어서 서늘하고 그늘진 곳에서 3개월간 숙성시킨 후 체에 걸러 대상물을 걸러내고 과일주를 서늘한 곳에 보관하여 반주로 1~2잔씩 마시면 기분이 좋고 혈액 순환에도 좋습니다.

과일주를 담을 수 있는 재료도 발효액을 담그는 재료 모두 사용할 수 있습니다. 예를 들면, 개복숭아주, 산딸기주, 오디주, 더덕주, 가시오가피주 등입니다.

제3장
원주민과 귀농인 그리고 귀촌인

13. 농사 방법과 작목 선택

1) 농사 방법

 농사 방법은 간단하게 구분하면, 과학농업과 친환경농업 2가지로 구분할 수 있습니다. 과학농업은 영농기계와 화학비료 그리고 농약을 사용하는 현대식 일반 농업을 말합니다.
 친환경농업은 저농약, 무농약농업, 유기농업으로 나누고 1938년 일본의 철학자이자 농업인인 후쿠오카 마사노부가 주장한 자연농업(4무농법)까지 다양한 농사 방법이 있습니다.
 화학비료와 농약이 우리나라에 도입되기 전에 우리 조상님들이 하던 농업은 자연농업과 유기농업의 중간 단계로 볼 수도 있습니다.

 저는 텃밭 일부를 후쿠오카 마사노부가 주장하는 자연농업으로 실험하기도 하였으나 실패하였습니다.
 그래서 흙살림에서 주최한 유기농업 교육도 수강하면서 텃밭을 네발 쇠스랑, 곡괭이, 삽, 호미만 가지고 갈아서 비닐 멀칭도 하지 않고 밭두둑만 만들어 씨앗이나 모종을 심었습니다.

 그리고 씨 뿌리는 시기는 마을 분들이 농사짓는 것을 따라서 하는 것이 가장 안전한 방법입니다. 지역에 따라 그 해의 날씨에 따라 조금씩 다르기 때문입니다.
 거름은 음식 잔반과 부산물 그리고 잡초와 낙엽 등 부식토를 섞어 퇴비로 숙성시켜 사용하였습니다.

퇴비 만들 때 가장 주의할 사항은 수분의 비율입니다. 그래서 퇴비사는 비가림막을 하여야 합니다. 노지에서는 비닐덮개라도 하여야 합니다. 수분이 많으면 숙성된 퇴비가 안 되고 썩어서 부패되어 악취가 나는 것입니다. 제대로 숙성된 퇴비는 악취가 나지 않습니다.

제일 간단한 방법은 음식 잔반을 과일나무 밑동 둘레에 흙으로 묻는 방법입니다. 그러나 너무 많이 묻으면 거름이 과(過)해서 과일나무가 죽습니다. 어떤 작물이든 거름이 과하면 잎이 누렇게 뜨면서 죽거나 작물이 너무 커서 품질이 떨어집니다.

특히 고구마 농사는 거름을 안 해도 농사하던 밭이면 수확이 좋은 편입니다. 그런데 귀촌 초보자께서 고구마 밭에 깻묵도 뿌리고 계분까지 뿌리고 고구마 줄기모종을 심었으나 잎이 누렇게 떠서 죽고 그 해 고구마 농사를 망치는 것을 보았습니다. 과유불급(過猶不及)은 농사에서도 진리입니다.

그리고 발효액이나 생막걸리 또는 나무를 때는 아궁이에서 나오는 나뭇재와 화목 보일러에서 나오는 목초액은 병해충 방제 역할도 훌륭하게 할 수 있습니다.

그러나 잡초 제거가 너무 힘들고 꾀가 나서 3년차부터는 밭에 비닐 멀칭을 하였습니다. 고구마 같은 작목은 비닐 멀칭을 하지 않아도 초기에 고구마 순이 제대로 나올 때까지만 잡초를 제거해 주면, 그 다음은 잡초와 같이 자라도 수확은 할 수 있습니다.

그러나 고구마 순이나 배추 등 어린 순이나 새싹은 고라니가 아주 좋아하는 먹잇감이며 고구마와 감자, 옥수수는 멧돼지가 아주 좋아하는 먹잇감입니다.

  그래서 이러한 작목을 재배할 때에는 고구마 밭 둘레를 1~1.5m 높이에 줄만 3~4줄 쳐도 고라니는 방지가 되지만, 멧돼지는 펜스 등 튼튼한 울타리를 쳐야 피해를 막을 수 있습니다. 고라니와 멧돼지 피해가 없는 작목은 고추, 들깨, 토마토, 상추 등입니다.

  이와 같이 산골농사를 하다 보면, 작목에 따라 나름대로 자신만의 농사 비법을 터득하기도 합니다.

  그리고 산골농사는 비탈밭이어서 힘은 들지만, 홍수나 가뭄 피해는 적습니다. 왜냐하면, 홍수가 나도 불과 몇 시간이면 물이 빠지고 가뭄에도 산골에는 숲이 우거져 개울물이 마르지 않아서 밤이 되면 밤안개가 가느다란 가랑비 오듯 쏟아지고 풀잎에 아침 이슬이 많이 맺혀서 농작물이 타들어 가지 않기 때문입니다. 참으로 자연의 섭리가 오묘합니다.

  따라서 산골농업은 소규모 자연 농업이나 유기농업의 최상의 적지라고 할 수 있습니다. 그러므로 정부와 지자체는 산골농업을 정책적으로 적극적인 지원을 하여야 할 것입니다.

  이와 같은 산골로 들어가서 고구마라도 심으면서 묵은 밭을 살리고, 개울과 숲을 보전하며 자연으로부터 깨달음을 느끼며 살다가, 살아 있는 청정 자연을 후손에게 물려주는 것도 보람 있는 인생의 마무리 아닐까요?

  그리고 농경사회였던 우리나라 속담이 농사에서 많이 비롯되었다는 사실을 새삼 깨달았습니다. 예를 들면, "시작이 반이다." 정말로 농사는 시작이 반입니다. 오죽하면 "바쁜 농번기나 오뉴월 손님은 호랑이보다 무섭다"라고 했겠습니까?

2) 작목 선택

상기와 같은 재래식 자연 유기농법으로는 작목에 따라 수확량이 천차만별입니다. 가장 수확량이 좋은 품종은 고구마, 감자, 토마토, 옥수수, 콩, 상추, 부추, 아욱, 근대, 들깨, 호박, 가지, 오이 등이고 가장 수확량이 적고 관리가 어려운 품종은 고추, 참깨, 배추, 무, 열무 등으로 거름과 병해충 방제가 어렵습니다.

고추는 병해충 때문에 1~2년은 전혀 수확을 못했으나, 3년차부터는 땅 힘도 살아서인지 50% 이상 수확을 할 수 있었으나 태양초 만든다고 말리다가 곰팡이가 생겨서 실패했습니다. 완전 태양초는 정말로 건조 과정이 어렵습니다. 그래서 소형 전기건조기로 70~80% 수분을 말린 후에 태양에 건조하였습니다.

그리고 밭을 구분하여 작목을 해마다 바꾸어 심는 윤작을 하여야 병해충이 적습니다. 수확이 다 끝난 늦가을에는 밭에 아궁이 재를 뿌려 놓으면 병해충 예방에 효과가 있습니다.

상기와 같은 농법으로는 귀촌한 부부에게 텃밭 20~30평 정도가 적당하고, 기계를 빌려 밭을 갈고 재배하면 100~300평도 가능할 것입니다. 그러나 욕심내지 말고 귀촌 부부의 능력과 타협으로 점차 늘려 나가는 것이 좋을 것입니다. 그리고 작목 선택도 고구마, 토마토, 콩 등 병해충에 강하고 수요가 항상 꾸준한 작목이 안정성이 있을 것입니다.

그러나 귀농인은 귀촌인과는 다르게 농사 방법도 생산성을 생각해야 하기 때문에 작목 선택의 폭을 훨씬 넓게 보아야 합니다.

예를 들면, 자신이 가장 자신 있는 작목을 일반적인 과학농업으로 매년 계속 재배하여 2010년 배추파동 당시에 1억 원이라는 대박 수입을 올린 사례도 있습니다. 그는 귀농 5년차인 사람으로 자신이 가장 자신 있는 작목인 고추와 감자 그리고 배추만 매년 심었는데, 2010년 10월 당시에 배추 1포기 소매가 12,000원이라는 전무후무한 배추 가격 폭등으로 농업소득으로는 대박이 났던 것입니다.

이와 같이 농사는 수요가 꾸준한 품목을 꾸준하게 재배하면 3~5년에 한 번씩 대박은 아니어도 소박 정도는 오는 것이 음양의 법칙입니다.

그리고 농사도 주식과 비슷한 면이 있습니다. 이미 신문지상에 대박 주식이라고 기사화된 주식을 매입하지 않는 것은 주식투자 고수들의 상식입니다. 왜냐하면, 이미 그 주식은 상투가격 근처이므로 내리막길이 임박하였다는 것을 알고 있기 때문에 오히려 그 주식을 매도하기 시작합니다.

농업에서도 어떤 작목이 건강에 좋고 앞으로 전망이 좋다고 매스컴에서 기사화된 작목은 이미 많은 농가에서 재배하고 있다는 것을 아셔야 합니다. 따라서 즉흥적으로 작목을 선택하면 실패할 확률이 높습니다.

특히 건강보조식품이나 첫 수확 기간이 긴 경우는 더욱 조심해야 합니다. 제가 가시오가피 농장 경험으로 시행착오를 겪으며 깨달은 뼈아픈 충고입니다. 더구나 건강보조식품은 3~5년 이상

수요가 꾸준하지 않고 굴곡이 심하다는 것을 감안하셔서 심사숙고 하셔야 합니다.

그리고 주식투자에는 포트폴리오(분산투자) 투자방식이 있습니다. 농업에서도 가격 등락이 비교적 안정적인 작목과 가격 등락이 심한 작목을 적절하게 선정하여 분산 재배하는 것이 현명한 포트폴리오 작목 선택 방법입니다.

앞에서 사례를 든 귀농인은 현명한 작목 선택을 하였고, 하늘의 운도 따른 것입니다. 왜냐하면, 고추는 비교적 안정적인 작목이고, 감자와 배추는 감자를 캐고 배추를 심을 수 있는 2모작 작목이므로 배추농사를 망쳐도 고추와 감자 농사로 생활을 유지할 수 있기 때문입니다.

추가로 안정적인 작목으로는 고구마, 토마토, 메주콩, 들깨 등이고, 2모작이 가능한 작목으로는 벼와 보리, 벼와 감자, 마늘, 양파, 녹비작물 등이 있습니다.

이와 같은 작목을 참고하여 3~4가지 자신이 가장 자신 있는 작목을 선정해서 꾸준히 포트폴리오 농사를 짓는 것이 현명하다고 생각합니다.

물론 영농 규모가 클 때에는 한 가지 작목에 올인하여야 규모의 경제에 부합하여 이익을 극대화한다는 이론도 있습니다. 그러나 농사에서 정부 지원자금이나 농협 정책자금을 무리하게 대출 받아서 유리온실 등을 경영하다가 건설업자만 돈 벌어 주고 빚더미에 파산한 사례는 많이 있습니다. 어느 분야든 일반적으로 자기자본 20~30%로는 성공 가능성이 아주 낮고, 특히 자연의 영향을 많이 받는 농업 분야에서는 더욱 어렵다는 것을 아셔야 합니다.

그러나 성공한 사례도 있습니다. 1997년 서산에서 자동화시설 산란계 15,000수 농장을 시작한 나의 친구는 성공적으로 정착하였습니다.

그리고 인천에서 귀농한 분은 1998년 경북 봉화에서 약 3,000평의 사과 과수원을 시작하여 성공적으로 정착한 사례도 있습니다.

그러나 이들이 성공을 한 키 포인트는 자기자본 비율이 높은 요인도 크지만, 사람을 고용하지 않고 부부가 365일 근검절약하며 모범적으로 열심히 농사를 하였다는 사실입니다.

그러나 이분들도 나이 70세가 가까워지니 힘에 부친다고 합니다. 그래서 서산 친구는 아들에게 물려주기 시작하였으며, 봉화의 지인은 물려줄 사람이 없어 과수원을 매물로 내놓고 있습니다.

이분들은 주변 자연환경을 보살피고 텃밭이나 가꾸면서 여행이나 다니는 귀촌인으로 돌아가고 싶다고 합니다.

이와 같은 사례를 참고로 하여 귀농인과 귀촌인은 자신의 체력, 경제력, 농업에 대한 능력 등을 신중하게 검토하여 욕심내지 말고 농사 규모와 농사 작목 그리고 농사 방법을 선택하여야 합니다.

저는 원래 귀촌을 희망하였으나 마음에 드는 1,000제곱미터의 작은 토지를 찾지 못하던 중 자연환경이 마음에 쏙 드는 오지의 오가피 밭을 매입하면서 본의 아니게 귀농인이 되었으나, 결국 오가피 농장은 실패하여 매각하였습니다.

그리고 현재는 휴양림 인근 지역의 주택을 임차하여 기거하면서, 마치 선승이 동안거를 끝내고, 운수행각을 가듯이 새로운 귀촌지 산골 작은 토지를 찾아서 또다시 1,000리 길을 떠납니다.

그러나 이렇게 산골 귀촌 이야기를 할 수 있는 추억은 많이 만들었습니다. 그리고 산골에서 부부가 직접 땀 흘려가며 싱그러운 땅내음을 맡고, 심고, 가꾸고, 수확하여 먹고 청정 자연 속에서 한 잔의 산국차를 음미하며 건강도 얻고, 명상과 사색을 통하여 자연으로부터 한 가지씩 깨달음을 얻을 때의 그 벅찬 환희를 경험하지 않은 사람은 온전히 느낄 수 없습니다.

14. 기계, 기구 사용 시 안전수칙
- 예초기/엔진톱/경운기/관리기

　귀농 귀촌생활에서 가장 위험한 요인이 있습니다. 벼락, 낙석, 산사태 등 자연재해보다 훨씬 사고 확률이 높은 요인은 바로 예초기 등 농기구와 엔진 톱 등 건축용 기구의 사용 시 부주의로 인한 인재 사고인 것입니다.

　따라서 농기구와 건축용 기구 사용 시 안전수칙을 철저히 지키는 것을 생활화하여야 합니다. 공기 좋고 물 좋은 곳에서 건강하고 행복한 삶을 살려고 와서 귀중한 생명을 잃거나 신체장애를 안고 살게 되는 불행한 사태가 발생하지 않도록 각별히 조심 또 조심하여야 할 것입니다.

<사례 1>
매스컴에서 매년 가을이면 사건 사고 뉴스에서 예초기로 추석 벌초를 하다가 사고로 돌 파편에 의한 눈과 다리 부상 등 불행한 소식이 계속되는 현실입니다.
심지어 풀숲에 숨겨져 있는 땅벌 집을 건드려서, 갑자기 땅벌 떼의 공격을 받고 엉겁결에 예초기를 위로 들고 벌을 쫓으려다가 옆에 있던 부인을 사망케 하는 어처구니없는 대형 사고까지 발생하는 실정입니다.

이러한 사고는 안면보호망, 다리 보호대 등 안전보호 장비를 제대로 착용하지 않아서 생기는 사고입니다.
그리고 예초기 작업 반경의 일정거리에는 사람이 접근해서는 안되는 작업수칙을 제대로 지키지 않아서 생기는 사고입니다.

<사례 2>
작두나 커터기에 손가락이 절단되는 사고, 콩 터는 기계에 긴 머리카락이 빨려 들어가서 두피와 얼굴 등 다치는 사고 등 각종 농작물 가공기계에 의한 사고도 많으니 농기구, 농기계를 사용 시에는 각별한 주의가 필요합니다.

<사례 3>
경운기, 관리기 등은 경사도에 취약해서 중심을 잃고 옆으로 잘 쓰러지는 단점이 있는데도 불구하고 비탈밭 또는 비탈 과수원이나 개울 옆 농로 등을 무심코 가다가 비가 온 후 또는 해빙기 이른 봄에 한쪽 도로가 침하하면서 옆으로 쓰러져 운전하고 있던 사람이 농기계에 깔리는 사고가 발생하기도 합니다.
그리고 옆으로 빠진 경운기나 관리기를 굴삭기 등 중장비를 불러 빼 내야 함에도 불구하고, 무리하게 혼자 힘으로 들어 올리다가 깔려 사망한 사례도 보았습니다.

절대로 자신의 힘을 과신하지 말고 안전수칙과 사고처리수칙을 생활화하여야 합니다.

<사례 4>
엔진 톱은 산골 귀촌생활의 필수 농기구이자 건축용 기구이기도 합니다.
왜냐하면 온돌 아궁이 땔감이나 화목보일러 또는 화목 난로 등 땔감을 준비하는 데 필수적인 도구이며, 주택 건축이나 집수리에서 목재를 절단하는 데 없어서는 안 되는 기구이기 때문입니다.
그래서 귀농 귀촌인은 대부분 엔진 톱 한 개는 장만합니다.
엔진 톱은 나무를 자르는 데 편리하고 빠른 문명의 이기임에는 분명합니다. 그러나 그에 못지않게 위험하기도 합니다.
나무를 자르다가 나무 조각이 눈에 박히기도 하고, 손가락이나 다리에 심각한 부상을 입기도 합니다. 따라서 경사가 심한 곳이나 사다리 위 등에서는 사용하지 말아야 합니다.
사용 반경 일정거리에는 사람이 접근해서는 절대로 안 됩니다. 나무 위에서 엔진 톱을 사용하고 있는데 밑에서 나무를 잡고 있던 부인이 사망한 사고도 있습니다.

15. 농업인 및 농지원부 작성 요건 갖추기
- 귀농인과 귀촌인의 구별

　귀농인은 당연히 농업인 요건과 농지원부 작성 요건을 충족시켜야 합니다. 왜냐하면, 농지를 구입하기 위해서는 농지법 제6조(농지소유제한) 제1항에 의해서 농지는 자기의 농업경영에 이용하거나 이용할 자가 아니면 소유하지 못하도록 되어 있기 때문입니다.

　이는 우리나라 헌법의 경자유전(耕者有田)의 원칙 때문입니다. 그래서 농지법 제8조(농지취득자격증명의 발급)에 의해서 농지취득자격증명을 받아야 합니다.

　그리고 농지법 시행령 제 70조(농지원부의 작성) 제1항 제1호에서 1,000제곱미터 이상의 농지에서 농작물을 경작하거나 다년생 식물을 재배하는 자는 시, 군, 구청에서 농지원부를 작성하게 되어 있습니다.

　또한 농지법 시행령 제3조(농업인의 범위) 제1호에 의하면 농업인은 1,000제곱미터 이상의 농지에서 농작물 또는 다년생 식물을 경작 또는 재배하거나 1년 중 90일 이상 농업에 종사하는 자를 말합니다.

　따라서 농업인이 되기 위한 최소한의 면적은 1,000평방미터입니다. 물론 토지를 소유해야만 하는 것은 아닙니다. 임차한 농지 면적도 가능합니다.

　따라서 귀농인은 필수적으로 농업인 요건과 농지원부 요건을 충족시켜야 해당 지역 단위농협에도 가입할 수 있고, 국립농산물

품질관리원에 농업경영체 등록도 하게 됩니다.
  이러한 절차가 완료되면, 정부와 지자체의 농사 직불금과 오지인 경우에는 영농조건 불리농지에 대한 보조금 그리고 면세유 등 각종 지원도 받게 됩니다.

  귀촌인은 농지원부와 농업인 요건을 갖추지 않아도 됩니다. 그러나 귀촌인도 1,000제곱미터 이상의 농지를 매입하게 되면, 상기 귀농인과 같은 절차에 의하여 법률적으로 농업인이 되기 때문에 농사를 지어야 할 의무가 생기고 외형상으로는 귀농인으로 통칭되는 것입니다.
  그러나 1,000제곱미터 미만의 농지를 매입할 때에는 농지법 제7조(농지소유상한) 제3항에 의하여 주말, 체험 영농을 하는 것과 동일하게 인정될 뿐입니다. 따라서 귀농인이 받는 각종 혜택을 받지 못합니다.
  예를 들면, 지역 건강보험료 약 50%까지 감면, 국민연금도 50%까지 국가보조금을 받을 수 있는 혜택 그리고 고등학생까지 공납금 면제, 대학 학비 지원, 농지 매각 시 자가영농인에 대한 양도소득세 감면혜택 등도 받을 수 없게 됩니다.
  그런데 귀촌인이 1,000제곱미터 이상의 농지를 매입하고 농사를 짓지 아니하면, 농지법 제10조(농업경영에 이용하지 아니하는 농지 등의 처분)에 의하여 농지 소재지 시, 군, 구청장으로부터 농지 처분명령이나, 농지법 제62조(이행강제금)에 의하여 이행강제금을 부과받을 수 있습니다.
  따라서 귀촌인도 1,000제곱미터 이상의 농지를 구입하였을 때에는 농지 관리에 신경을 쓰셔야 합니다. 그래서 농사짓는 것이 어려운 귀촌인은 농지법 제9조(농지의 위탁경영) 제6호에 의하여 농작업의 일부를 위탁하거나, 다년생 식물 또는 조경, 관상용 수목과 그 묘목 등을 식재하기도 합니다. 물론 가족이 모두 농지 소재지로 전입하고 이주하여야 합니다.

따라서 귀촌인은 1,000제곱미터 미만의 농지를 구입하는 것이 마음 편합니다.

결론적으로 귀농인과 귀촌인의 구별은 법률적으로 정의되는 용어가 아닙니다. 농지법상 농업인으로 인정되는 농지 1,000제곱미터 이상을 농사 경영을 하거나 1년에 90일 이상 농업에 종사하는 사람, 즉 농사를 업으로 하기 위해 도시에서 시골로 이주하는 사람을 관행상 귀농인이라고 통칭하는 용어입니다.

그리고 귀촌인은 1,000제곱미터 미만을 농사 경영하거나 휴양, 요양 목적 또는 세컨드하우스와 주말농장식 텃밭을 하면서 전원생활을 하기 위하여 도시인이 시골에 주택과 농지를 마련하여 이주한 사람을 관행상 귀촌인이라고 통칭하는 용어라고 단순하게 구별해도 별 무리는 없다고 생각합니다.

그리고 요즈음은 귀농, 귀촌인에게 이주비와 주택 보수 및 개량자금 등을 보조금으로 지급하는 지자체도 많이 늘어나고 있는 추세입니다.

따라서 농림축산식품부의 "귀농귀촌종합센터", 귀농 귀촌 예정 지역의 각 지자체 "귀농귀촌지원센터" 사이트에 접속하여 정보를 사전에 자세하게 알아보는 것이 바람직한 생각입니다.

* 농지법 제6조~9조, 제62조.
* 농지법 시행령 제3조, 제70조 참조.

16. 농막 설치 농촌체류형 쉼터 도입
(2025. 01. 24)

　농지와 거주지가 멀리 떨어져 있을 경우 농막을 설치하면 농사에 많은 도움이 될 것입니다.
　농막 설치에 대해서 농림축산식품부 2012년 농지업무편람에 의거하여 지자체의 농지 관련 부서에서는 농막 설치 면적도 농지이므로 별다른 신고 없이 자유롭게 설치할 수 있도록 허용하고 있습니다.
　그러나 시, 군에 따라 별다른 신고 없이 농막을 설치할 수 있는 지자체도 있고, 가설 건축물 신고를 하도록 하는 지자체도 있습니다. 따라서 농지 소재지 지방자치단체에 문의하여 설치하는 것이 바람직할 것입니다.

　그리고 농막을 설치할 때에는 이동식 컨테이너 박스와 이동식 화장실을 많이 사용합니다.
　이동식 컨테이너 박스는 가로×세로=면적으로 3m×6m=18제곱미터로 약 5.5평 크기가 적당합니다. 설비는 전기, 수도, 가스, 싱크대, 샤워실을 설치하고, 전면을 출입문과 대형 거실용 미닫이 새시 창으로 하고 뒷면에 소형 창문 2개와 옆면에 소형 창문 1개를 설치하는 것이 통풍에도 좋습니다.
　이와 같이 여러 시설을 하는 컨테이너 박스는 완제품을 만들어 이동하기가 어렵습니다. 따라서 설치 현장에서 컨테이너 박스를 조립하는 것이 안전하고 편리합니다.

그리고 지붕을 하지 않으면, 여름에 창문을 열어 놓아도 바람이 없는 날은 실내 온도가 섭씨 40도에 육박하므로 반드시 단열재를 넣은 양철 지붕이라도 해야 합니다. 겨울철에 대비하여 바닥에 온열매트나 온수매트로 장판을 깔면 금상첨화이지요!

또한 이동식 컨테이너 박스를 올려놓을 자리는 콘크리트로 기초공사를 하거나 자동차 휠 위에다 올려놓아도 좋습니다. 빈 공간에는 철망이나 벽돌로 막는 것이 안전합니다.

이동식 화장실 또는 재래식 뒷간 변기통에는 볼일을 보고 나서 나무 재, 톱밥, 왕겨, 낙엽, 풀 등을 뿌려 놓으면 냄새도 안 나고, 양호한 퇴비로 숙성됩니다.

* 농림축산식품부〉 정책홍보〉 정책자료 : 2012년 농지업무편람 191쪽
제6장 농지의전용〉 제1절 농지전용허가〉 1. 용어의 정의〉 가.농지 (3)항의 4호. 참조

<농막의 정의>

(1) 농업 생산에 직접 필요한 시설일 것

(2) 주거 목적이 아닌 시설로서 농기구, 농약, 비료 등 농업용 기자재 또는 종자의 보관, 농작업자의 휴식 및 간이취사 등의 용도로 사용되는 시설일 것

(농림축산식품부에서는 전기, 수도, 가스, 샤워실은 가능하나 수세식 화장실 설치는 불가하고, 외부에 이동식 화장실 설치를 권장하고 있음.)

(3) 연면적의 합계가 20제곱미터 이내일 것

* 유의사항
농지 전용 절차를 거치지 아니하고 농지에 설치할 수 있는 시설에 해당하더라도 건축

법, 국토의 계획 및 이용에 관한 법률 등 관계법령에 따른 인, 허가의 적용대상일 경우에는 그 법령에서 정한 바에 따라야 함.

<농촌체류형 쉼터 도입 2025. 01. 24.>

농촌체류 생활인구 확산 및 농촌소멸 대응을 위하고, 도시민의 주말 체험영농과 농촌 체류 확산을 위한 임시숙소 등으로 활용하기 위한 시설.

 (1) 시설 규모: 연면적 33평방미터이하 (데크, 정화조 등 별도)
     (처마) 외벽 중심선에서 1m 이내 허용
     (데크) 가장 긴 외벽에 1.5m를 곱한 면적까지 허용
     (주차장) 주차장법에서 정한 주차장 1면 허용
 (2) 영농의무: 일정 면적 이상 영농활동 의무화
     (부지) 쉼터와 부속시설(데크, 정화조 등) 합산의 두 배 면적
     (영농) 쉼터와 부속 시설 제외 농지는 영농활동 의무
 (3) 제한지역: 최소한의 안전확보 및 영농 피해 방지 목적
     붕괴위험지역 등 특정 지역에 설치 제한
 (4) 쉼터로 전환 가능한 농막
   농촌체류형 쉼터 입지 기준 충족
   쉼터 면적 기준(연면적 33평방미터) 부합
   쉼터설치신고, 농지대장 등재
   – 전환기간(3년) 내 쉼터로 신고시 양성화
 (5) 농막 제도 개선
   연면적 20평방미터 이하 (데크, 정화조 등 별도)
   주차장 1면 설치 허용
   농지대장 등재 의무화
   – 유예기간 (3년) 이후 불법 농막 처분

17. 귀농, 귀촌지 적응하기

1) 재능기부

　귀농 귀촌자는 도시에서 최소 20~30년 이상을 살다가 농·어·산촌으로 자유로운 전원생활을 꿈꾸면서 낯선 환경과 생소한 농·어·산촌 마을문화를 접하면서 당황스럽기도 합니다.
　그래서 귀농 귀촌 지역사회에서 자신이 살아 온 경험과 지식을 지역사회에 재능기부 하겠다는 마음을 가지고 적극적으로 대처할 것을 권장합니다.
　저는 농촌마을 종합개발사업 추진위원회 총무 일을 하며 농촌마을 종합개발사업 계획(안)을 수립하는 데 중추적 역할을 하여 4년 만에 최종 약 55억 원 상당의 사업에서 선정되는 데 기여하기도 하였습니다.

　또한 거창한 재능기부가 아닌 작은 도움이 생각지 못하게 큰 효과를 나타내기도 합니다. 한번은 같은 마을 어르신 부부 집에 놀러 갔다가, 어르신 핸드폰이 안 된다고 1시간 걸리는 시내까지 나가야 되겠다며 걱정을 하셨습니다.
　핸드폰을 보니 잠금장치를 잘못 눌러 어르신도 모르게 잠금장치가 잠겨 있었습니다. 그래서 잠금장치를 풀어 드렸더니 시내까지 안 나가도 되겠다며 너무 기뻐하셨습니다. 그 후 제일 가까운 이웃이 되었습니다.

이와 같이 귀농, 귀촌인들은 도시에서 살았기 때문에 농·어·산촌 어르신 분들이 경험하지 못한 재능이 누구나 사소한 것이라도 있게 마련입니다. 이러한 재능을 기부한다는 마음만 먹는 것으로도 귀촌지역에서의 적응은 빨라집니다.

그리고 귀촌인은 귀촌지의 어르신들보다는 인터넷에 더 익숙합니다. 따라서 면이나 군에 건의사항이나 민원사항들을 대신 전자민원으로 올려 드리는 일도 좋은 재능기부가 됩니다. 저는 마을 가로등 설치 민원, 도로포장사업 등을 전자민원으로 접수하여 좋은 결과를 얻기도 하였습니다. 물론 먼저 마을 이장을 통하여 민원을 접수하는 것이 순리입니다. 다만, 마을 이장의 힘만으로는 민원이 해결되지 않는 숙원사업이거나 마을 경계 등 사각지대로 간과되는 민원사항은 직접 전자민원으로도 접수할 수 있다는 것입니다.

한번은 마을에서 가까운 산사에서 산사음악회가 매년 가을에 열리는데 마을 어르신을 모시고 간 적이 있었습니다. 주차장에서 산사까지는 한참을 걸어 올라가야 했기 때문에 갔다 와서 제 아내는 몸살이 났습니다.
그래서 다음 날 어르신도 몸살 나지 않으셨는지 걱정되어 안부를 물었습니다. 그런데 예상외로 반색을 하면서 다음에도 이런 공연 있으면 같이 가자고 하십니다.
이와 같이, 귀촌 지역 어르신들은 어려운 삶을 살아오신 분들이 많고, 자식들은 대부분 도시 대처로 나가 살고 있기 때문에 가까운 산사나 관광지도 제대로 가 보지 못하신 분들도 많습니다.

도시에서 이발을 하셨던 분은 마을 어르신들 이발을 재능기부 할 수도 있고, 미술이나 음악에 재능이 있는 분은 마을 어르신 초상화나 캐리커처를 그려 드리거나 악기 연주를 들려 드리면 어린아이같이 좋아하십니다.

2) 전설 따라 삼천리

우리나라는 5,000년 역사와 문화가 살아 숨 쉬는 나라입니다. 그래서 전국 어느 지역이나 "전설 따라 삼천리" 소재 한 가지씩은 있게 마련입니다. 마을 이름이나 마을 길 이름 유래부터 마을 입구에 있는 느티나무, 큰 바위, 서낭당 그리고 고개 이름에도 전설이 깃들어 있습니다.

따라서 귀촌인은 마을 어르신들을 만나면, 이러한 옛이야기를 묻고 듣는 것만으로도 훌륭한 대화 소재가 됩니다. 그러다 보면, 흥미진진한 새로운 향토 사학을 발굴하기도 합니다.

예를 들면, 강원도 화천시 화천읍 풍산리 처녀고개에 대한 전설, 원주시 신림면 성남리 "치악산 상원사 은혜 갚은 꿩" 이야기는 유명합니다. 그러나 우리가 알고 있던 전설과 조금씩 다르기도 합니다.

그러면 어느 것이 맞는지를 그 지역 향토 사학 자료 등을 살피다 보면 흥미로운 사실도 발견하게 됩니다.

충남 보령시 주산면 화평리 화산에는 아주 큰 묘 5~6기가 울창한 소나무와 대나무 숲속에 있습니다. 아무런 비석이 없어 누구의 묘인지 몰랐습니다.

그런데 주산면 면장을 역임하신 분이 밝힌 향토 사학 자료에 의하면, 그 묘소는 조선 중기 16세기 초반에 보령 남포현에 유배된 병조참판을 역임한 고성이씨 좌윤공파 이줄(李茁)이란 사람과 큰아들 이응, 넷째 아들 이충, 손자 이보의 묘소로 확인되었습니다.

그런데 1624년 인조 2년에 반란을 일으켜서 3일 천하로 끝난 이괄의 난 주동자인 이괄은 고성이씨 사암공파입니다. 그래서 이괄의 난 이후로 고성이씨 씨족 촌이었던 화평리 마을에서 고성이씨들이 뿔뿔이 흩어졌을 것이라고 추측만 할 뿐입니다.

그래서 숨어살던 후손들이 조상 묘역에 나타나면 잡혀서 죽을 수가 있으니 이묘에 와서 성묘를 하면 죽는다는 이야기가 전해져서 후손들은 매년 시제 때가 되면 묘역에 들어가지 못하고 50~60년 전까지만 해도 3km 정도 떨어진 들 건너 월현고개에서 묘역을 향해 수백년간 제를 올리고 돌아갔다는 것입니다. 이와 관련해서 호랑이 혈 자리여서 성묘하러 묘에 들어가는 사람은 죽는다는 전설 등 여러 가지 전설이 전해지고 있습니다.

이러한 주제는 향토사학에 관심 있는 귀촌인에게는 흥미진진한 연구대상이 될 수도 있습니다.

그렇게 살면서 세월이 흘러가면 귀농, 귀촌지에 적응하게 되고 제2의 고향이 되기도 합니다.

18. 원주민과 귀농인 그리고 귀촌인 관계

 농·어·산촌 원주민과 귀농인 그리고 귀촌인의 관계는 미묘한 차이가 있습니다. 그리고 원주민은 텃세가 있게 마련입니다. 동물의 세계에만 텃세가 있는 게 아닙니다.
 그러나 인간은 동물과 다르게 이성이 있습니다. 따라서 함께 살아가는 지혜를 찾아야 합니다. 그리고 귀농인과 귀촌인도 어느 정도 텃세는 인정해야 합니다.
 예를 들면, 40~50년 전 농촌 새마을운동 당시 마을길도 넓히고 할 때에는 사유지 땅도 내놓고 자조사업으로 노동력도 제공하여 도로와 농로가 형성된 것이며, 마을기금도 형성된 것입니다. 그러므로 귀촌 당시 마을기금의 n분의 1 정도는 마을기금에 가입비로 내어 놓는 것이 현실적으로 편하고, 이 정도 텃세는 감수하는 것이 부드럽습니다.
 그러나 귀촌인들 중에서 논리적인 사람들은 귀촌인들에게 토지나 농가주택을 매각하신 전 주인이 이미 마을부역과 마을 기금에 n분의 1을 기여하였으며, 귀촌인은 그 권리를 포괄 인수한 것이기 때문에 전 주인이 마을기금 중 자신의 n분의 1을 찾아가지 않았다면, 가입비를 새로 낼 이유가 없다고 주장합니다. 일리가 있는 주장입니다.
 그럼에도 불구하고 현실은 가끔 논리적이지 않은 관행도 때로는 있습니다. 그러므로 귀촌지역에서 마을기금을 요구하면, 마을 신고비용으로 생각하고 기부금을 입금하는 것이 인간관계상 좋습니다. 그리고 차차 발언권도 생기고, 마을 분들을 이해시킬 수 있을 때, 마을 규약 등을 합리적으로 만들어 나가는 것이 옳은 방향일 것입니다.

제가 귀촌한 마을은 마을기금 가입비를 요구하지 않았습니다.

그러나 저는 신고 차원에서 첫 번째 마을모임 때 다과비로 금일봉을 내놓고, 이사하고 나서 인사를 하면서 떡과 저의 귀촌 집들이에 서산으로 귀농(산란계)하여 성공한 친구가 가지고 온 계란을 30여 가구 마을 분들에게 1판씩 나누어 드렸습니다.

특히 귀농인은 원주민과 유대관계가 훨씬 중요합니다. 왜냐하면, 귀농인은 농업으로 생업을 하고자 하는 사람으로 농업인 선배이신 원주민들에게 신세지고 배울 일이 많기 때문입니다.

그렇다고 귀농인이 농사일을 배운다고 원주민들의 농사일을 무료로 도와주는 일은 신중하게 판단해서 해야 합니다. 왜냐하면 가다가 중지하면 아니 감만 못할 수도 있기 때문입니다.

예를 들면, 농사일을 배우는 것이 아니고 단순 노동만 하루 종일 하는 경우가 많아서 지치고 힘들어 중도에 못하는 경우가 생기기도 하고, 억지로 참고 일해서 다음 날 몸살이 나서 고생하면 시작하지 않은 것만도 못하기 때문입니다. 또한 수고했다고 하면서 상품성 없는 농산물만 잔뜩 주는 경우도 있는데 자존심이 상할 수도 있기 때문입니다.

그리고 귀농인 중에서 유기농법이나 자연농법으로 농사를 지을 사람은 원주민과의 관계에서 더욱 조심스럽게 접근해야 합니다. 왜냐하면, 원주민들은 대부분 현재의 과학농법으로 화학 비료와 농약을 사용하기 때문에, 인근에서 유기농법으로 농사를 지으면 해충이 많이 생겨 자신의 농지가 피해를 본다고 생각할 수도 있습니다.

그리고 유기농법으로 하는 사람은 거꾸로 옆에서 화학 비료와 농약을 사용하면, 자신의 농지로 해충들이 전부 몰려온다고 생각하기도 하고, 농산물도 유기농 인증을 받기 어렵다고 생각합니다.

따라서 유기농법과 자연농법을 희망하는 귀농인은 농사지을 땅을 임대하거나 매입할 당시 인근 지역의 농사법과 작목 등을 세심하게 살펴보고 결정해야 할 것입니다.

귀촌인도 자신의 먹거리 텃밭을 유기농법으로 하더라도, 현지 원주민들 앞에서 농약과 화학 비료에 대해서 너무 티 나게 거부 반응을 보이지 않는 것이 좋을 것입니다. 항상 겸손한 것이 지혜로운 삶입니다.

귀농, 귀촌인은 개성이 강하고 용기 있는 사람들이 많습니다. 왜냐하면, 전혀 생소한 농·어·산촌으로 뛰어 들어 새로운 직업으로 농업하며 살겠다는 것은 대단히 용기 있는 사람이 아니면 어렵기 때문입니다.

도시에서 살다 보면, 누구나 "시골 가서 농사나 짓고 살까? 또는 은퇴하면 공기 좋고 물 좋은 곳에 가서 살고 싶다"라고 아름다운 귀촌을 한번쯤은 그려 봅니다. 그러나 정작 행동으로 실행하는 사람은 많지 않고, 용기 있는 사람만이 가능한 일입니다. 그래서 귀농, 귀촌인은 소신과 의지가 강한 사람이 많습니다. 따라서 원주민과 갈등이 많이 생기기도 합니다.

1) 견원지간/ 뺑덕어멈/ 빨래터 수다

　우리 고전에서 많이 풍자되는 뺑덕어멈 스타일과 아낙네들의 빨래터 수다 그리고 정(情)의 문화가 농·어·산촌 마을에서는 아직도 이어지고 있습니다. 시골은 날이 밝으면 이웃집이 보이고, 이웃집 사람의 행동이 전부 눈에 들어옵니다. 이웃집 숟가락 젓가락 숫자도 전부 알고 있습니다. 그래서 갈등이 생겨도 정 때문에 직접 직설적으로 잘못을 지적하기도 어렵습니다.
　직설적으로 부정적인 표현을 했다가 다툼이 되면 평생 견원지간이 되는 경우도 많습니다. 그래서 동서양을 막론하고 로미오와 줄리엣 집안같이 견원지간은 어느 마을에나 있게 마련입니다.
　그래서 시골 사람 사는 법은 당사자에게 직접 불만을 토로하지 않고 뺑덕어멈 스타일로 현재 시골은 빨래터가 별로 없어서 밭일이나 마을회관 등에서 아낙네들이 두 사람 이상 모이면, 미운 사람 흉도 보고 잘못을 지적하면서 불만을 표현하며 스트레스를 해소하는 경우가 종종 있습니다.
　그래서 시골 생활에서 제일 당황스런 일은 마을 사람이 귀촌인에게 같은 마을 사람 흉을 보고 잘못을 지적하기도 하고, 심지어는 누구와는 가까이 하지 말라고까지 하는 경우입니다. 그러다가도 당사자가 갑자기 나타나면 언제 그랬냐는 듯이 인사하기도 하고 뻘쭘해하기도 합니다. 처음에는 이런 언행이 이해가 가지 않았습니다.
　그러나 2~3년 살아보니 원주민들이 평생 원수로 살지 않기 위해서, 직접 당사자에게 이야기하지 않으면서 자신의 스트레스를 해소하는 그들만의 살아가는 방식이라는 것을 깨닫게 되었습니다.

귀농인과 귀촌인들은 이러한 그들만의 삶의 방식을 빨리 파악해서 나름대로 지혜롭게 대응해야만 귀촌지 적응을 할 수가 있습니다.

2) 들나물/ 산나물 채취 갈등

귀촌인들은 냉이, 쑥, 등 들나물과 고사리, 더덕, 두릅, 버섯 등 산나물과 민물고기, 다슬기 등 야생 먹거리에 호기심과 관심이 많습니다.

그래서 원주민들과 갈등이 생기기도 합니다. 왜냐하면, 원주민들은 자신들의 오랜 영역을 빼앗기는 상황이 되기 때문입니다.

그리고 원주민들은 이른 봄 겨울잠 자는 개구리와 다슬기를 잡으러 산골 계곡에 오기도 합니다. 그때 귀촌인들은 원주민들이 생태계를 파괴한다고 합니다.

그러나 원주민들은 귀촌인들이 산나물 씨를 말린다고 합니다. 사실 귀촌인들이나 도시에서 온 사람들은 더덕을 처음 산에서 캐 보니 신기하기도 하고, 아무리 작은 더덕이라도 발견한 사실에 흥분해서 무조건 캐고 봅니다. 이러한 갈등은 2~3년 후에는 귀촌인 선후배 간에도 벌어집니다.

원칙적으로 말해서 현행법상 자신의 사유지가 아닌 산에서 산나물을 캐는 행위는 불법입니다.

그러나 마을에 붙어 있는 산에서 마을 사람들이 상업적으로 채취하는 것이 아니고 가족이 먹기 위해 채취하는 행위는 묵인되고 있는 것이 관행이기도 합니다.

점차로 귀촌인도 늘어나고 하면, 이러한 갈등을 마을 단위, 면

단위 또는 군 단위로 규정을 만들어 해소하는 지혜를 찾아야 할 것입니다.

3) 반려동물이나 가축 사육 갈등

특히 산골에서는 망아지만 한 개를 풀어 놓고 키우는 경우가 종종 있습니다. 그들의 변명은 멧돼지와 고라니 피해를 막기 위해서 어쩔 수 없다고 합니다.

그러나 개를 싫어하거나 무섭다고 생각하는 이웃에게는 엄청난 피해입니다. 그래서 갈등이 심해지고 심지어는 개를 죽이는 경우까지 발생한 사례가 언론에 보도 된 적도 있습니다.

또한 작은 반려동물이라도 풀어 놓아 키우는 것은 예의가 아닙니다.

이웃마을에 발바리 수컷 한 마리를 키우는 할아버지가 있는데 항상 풀어 놓고 키웁니다.

이놈 발바리가 할아버지 가는 곳마다 따라 다녀서 반경 약 4km 떨어진 인근마을의 암컷 개가 있는 곳을 전부 알고 있습니다. 그 결과 온 마을에 발바리 잡종 천지가 되었습니다.

진돗개 암컷을 키우는 옆 마을 귀촌인은 발바리 잡종을 낳을 것을 우려해서 야간 불침번을 서야 하는 해프닝까지 발생하기도 했습니다.

또한 닭, 오리, 거위, 염소 등 소규모 가축 사육으로도 여름에 악취와 새벽 소음 등으로 이웃에 피해를 입히는 경우도 있으니, 가축도 적정한 규모로 깨끗하고 신중하게 사육하여야 합니다.

4) 토지 경계선 갈등/ 상린관계

　귀촌인들은 평생 처음 토지를 구입한 경우가 많고, 우리 정서상 내 땅에 대한 애착이 많아서 토지를 사자마자 토지 경계측량부터 하여 말뚝 박고, 심지어 울타리까지 치고 집주변에 CCTV까지 설치하는 경우도 있습니다.
　이러한 명분 없는 울타리와 CCTV는 이웃 원주민들과 마음속의 울타리까지 치게 됩니다.
　그리고 시골 토지는 지적도와 현황이 조금씩 다른 경우가 종종 있습니다. 살아가는 데 큰 지장이 없고 아주 큰 차이도 아닌 경우에는 측량말뚝만 박아놓고, 현황대로 살아가는 것도 현지에 적응하는 지혜입니다.
　또한 시골 어르신들도 땅에 대한 애착은 강합니다. 다만, 귀촌인과 다른 방법으로 실행합니다. 예를 들면, 밭 경계선 둑길의 자신 소유지 밭둑에는 콩 등 작물을 심어서 결국에는 밭 경계선 둑길이 연접한 타인 소유지를 침범하게 만드는 경우입니다.
　또한 가뭄에 논물 대기 갈등입니다. 위의 논은 물이 넘치고 아래 논은 거북등과 같이 갈라진 경우입니다.
　그래서 우리 민법에서도 상린관계를 규정하고 있는 것입니다.

5) 귀촌지역 농·수·축·임산물 소개로 인한 갈등

　귀농이나 귀촌하여 처음에는 누구나 현지 특산물을 친인척이나 지인들에게 자랑하고 싶기도 하고, 좋은 뜻에서 현지 특산물을 소개하여 판매하기도 합니다.

  그러나 현지 농산물 가격이 시세와 비교해서 적정한 것인지도 제대로 알지 못할 경우도 있습니다.

  특히 유기농 농산물이나 특산물의 품질은 같은 밭에서 생산된 것이라 하더라도 각양각색이므로 구매자의 마음에 든다는 보장도 없습니다. 또한 보관, 운송, 배달 과정에서 흠집이나 품질이 떨어질 수도 있습니다. 이러한 경우에 자신이 직접 생산한 농, 특산물이 아닐 경우에는 중간에서 상당히 난처한 경우가 발생하기도 합니다.

  따라서 농, 특산물을 소개하더라도, 자신이 생산하지 않은 농, 특산물은 자신이 직접 매입해서 택배 발송하는 행위는 절대로 하지 말아야 합니다.

  상기와 같은 사례에서 볼 수 있듯이 사람은 농촌, 어촌, 산촌 어느 곳에 가든 다른 사람과의 갈등을 피할 수는 없는 사회적 동물입니다. 따라서 서로 상식을 가지고 예의를 지키고, 상대방의 입장에서 생각하는 역지사지의 정신과 민법상의 상린관계를 잘 숙지하여 지혜롭게 언행을 해야 원주민과 귀농인 그리고 귀촌인 관계가 원만하게 성립될 것입니다.

19. 귀촌주택 난방 방식별 장단점

　귀농, 귀촌인의 생활비에서 가장 부담스런 비용이 겨울철 난방비입니다.
　겨울철 난방비에서 가장 편리하고 저렴하며 안전한 주택은 아파트입니다. 그중에서도 열병합발전소에서 열을 공급받는 지역난방에 의한 아파트단지입니다. 주택은 심야전기보일러에 의한 개별난방 방식이고 다음은 도시가스와 LPG가스에 의한 개별난방 방식입니다. 마지막으로 석유에 의한 기름보일러가 가장 비싼 난방 방식입니다.
　그래서 석유파동 이후 연탄보일러와 화목보일러로 대체되기도 하였습니다.
　그러나 심야전기보일러와 화목보일러는 초기에 시설비가 약 300~500만 원이나 들어가고, 수리비도 많이 드는 단점이 있습니다.

　귀농, 귀촌인의 난방비가 가장 저렴한 방식은 연탄보일러 방식과 화목 보일러 방식입니다 그러나 연탄보일러는 연탄불을 손수 갈아야 하는 번거로움이 있으며, 화목보일러는 화목으로 장작을 손수 준비하고 손수 불을 지펴야 하는 번거로움이 있습니다.
　만약 화목을 손수 산에 가서 나무를 해서 장작을 만들지 않고 장작을 구입한다면 기름보일러의 석유 비용에 육박하여 실익이 없습니다.

그리고 연탄가스와 나무가 불완전 연소하면서 생기는 일산화탄소 중독 사고 위험이 있습니다. 특히 흙집과 통나무집은 방바닥이나 벽체에 갈라진 틈새를 잘 메워야 합니다.

그래서 귀농, 귀촌인은 겸용 난방방식을 선택하는 것이 현명합니다.

예를 들면, 기름보일러와 연탄보일러를 겸용으로 선택하는 것입니다. 왜냐하면, 몸이 불편하거나 겨울에 외박할 때에는 난방배관이 얼어터지는 일이 없도록 편리한 기름보일러를 가동하고, 집에 있을 때는 연탄보일러를 사용하면 비용도 가장 저렴하기 때문입니다.

물론 재래식 아궁이 난방도 있고, 태양광 등 대체 에너지 방식도 있습니다. 그러나 재래식 아궁이는 사용과 관리가 너무 어렵기 때문에 찜질방으로 1개 정도만 만들고, 태양광, 지열, 목재펠릿 등 대체 에너지 방식은 정부의 지원도 있고, 친환경 에너지이므로 계속 관심을 가지고 검토해 볼 만한 난방 방식입니다.

따라서 귀농, 귀촌인의 건강 상태와 생활방식 그리고 경제적 능력 등을 감안하여 난방 방식을 선택하는 것이 좋을 것입니다.

대부분의 귀촌인은 전통적인 흙집에 아궁이를 그리워하며, 환상에 빠집니다. 그래서 산에 가서 죽은 나뭇가지와 쓰러진 나무 그리고 간벌한 나무들을 가져다가 엔진 톱과 도끼로 장작을 만들어 놓고 긴 겨울을 아궁이 앞에서 군고구마와 군밤을 구워 먹으며 보내는 낭만을 연상합니다.

그러나 산에서 죽은 나무 1개를 끌고 오는 일도 보통 일이 아니고 산에 엔진 톱을 가지고 가서 나무를 자르는 일 그리고 지게로 지고 오는 일 모두 도시에서 살던 귀촌인에게는 노예 같은 중노동이라는 것을 3일이면 깨닫게 됩니다.

물론 나무꾼 일이 체력이 허락하고 운동 삼아 할 수만 있다면 산골 마을에서는 최상의 친환경 난방 대책임에는 분명합니다.

따라서 정부에서는 우선 농·어·산촌 마을에 대체에너지로 태양광에너지 시설이나 목재 펠릿을 값싸게 공급할 수 있는 방안을 강구하여야 할 것입니다.

20. 황토 흙집의 장단점

 귀농, 귀촌인의 가장 큰 경제적 부담은 역시 주거 문제입니다. 특히 귀촌인은 어떤 집에서 살 것인가로 고민이 깊어집니다.
 대부분 베이비부머들의 로망은 그림 같은 세컨드 하우스로 황토 흙집을 선호합니다. 그러나 신축 비용 문제와 사후 관리 문제가 많기 때문에 신중하게 결정하여야 합니다.
 물론 가장 비용이 적게 드는 주거시설은 농가 주택을 형편에 따라 리모델링하여 사용하는 방법입니다. 따라서 귀농, 귀촌인은 최소한 1년 이상 기존 농가주택에서 살아 보면서 어떤 형태의 주택을 선택할 것인지를 결정하는 것이 현명합니다.
 그리고 어떤 형태의 주택이든 완벽하지 않고 장단점이 있습니다. 따라서 많은 자료 검토와 주택 현장 견학 그리고 전문가 상담을 거쳐서 자신과 배우자의 취향, 체력, 건강 상태와 관리 능력, 경제적 능력을 감안하여 합리적으로 결정하여야 후회가 적습니다.

1) 황토 흙집의 가장 큰 장점

 첫째, 주재료가 흙과 나무 그리고 돌 등으로 자연에서 얻은 천연 소재들이므로 사람에게 유해한 물질이 없고, 철거 시 건축 폐기물이 가장 적은 생태 순환적인 건축입니다.
 둘째, 흙과 나무는 습도 조절과 온도 조절 기능이 다른 건축 자재와 비교해서 훨씬 양호하다는 것입니다.

셋째, 황토에서는 원적외선과 음이온이 방출되어 건강에 좋고, 우리의 전통 가옥으로 시각적으로 예쁘고 편안하여 심리적으로 안정감을 줍니다.

2) 황토 흙집의 가장 큰 단점

첫째, 흙집의 건축비가 많이 들고, 사후관리에 시간과 노력이 많이 소요됩니다.

좋은 황토는 오염되지 않은 토지 지하 1m에 있는 황토입니다. 이러한 황토를 찾는 일도 쉽지 않고 가격도 비쌉니다. 그리고 다른 건축물 대비 인건비 비중이 높습니다. 물론 자신이 직접 건축한다면 인건비 절감은 되겠지만 다른 공정은 전문인에게 용역을 주어야 하기 때문에 집 모양도 마무리가 어설픕니다. 결국 황토 흙집이 다른 건축물에 대비하여 비싸다는 사실은 일반적 통설입니다.

특히 흙벽과 목재의 수축, 균열과 뒤틀림 그리고 목재와 흙벽 사이에 틈이 많이 생겨서 개미, 돈벌레, 심지어는 지네 등 벌레가 많이 생깁니다. 또한 창문과 출입문이 제대로 맞지 않고 작동하지 않는 경우도 많습니다. 이러한 하자보수와 관리에 많은 시간과 노력 그리고 비용이 필요하고, 일상생활에서 많이 불편하다는 것입니다.

둘째, 흙벽과 바닥이 건조해지면서 미세한 흙먼지 발생이 많고 화재에도 취약합니다.

오염이 안 된 지하 1m 이상에서 채취한 황토라 하더라도 미세한 흙먼지가 천식 등 기관지에는 문제가 될 수도 있으니 흙벽과 바닥에는 창호지 등 친환경 재료로 도배, 장판하기를 권장합니다. 그래서 요즈음은 황토벽돌을 많이 사용합니다.

그리고 온돌 아궁이는 과열로 인한 화재의 위험이 높습니다. 온돌방 아랫목에 이불이나 담요를 깔아 놓고 아궁이에 불을 때서는 안 됩니다.

셋째, 흙집을 처음 접하는 귀촌인들은 환상에 빠져서 천창이나 벽체에 커다란 고정 창을 설치합니다.

이는 결로 현상을 일으킬 뿐 아니라 실내 환기를 저해하고 웃풍이 심해져서 방안이 춥고 일상생활에서 대단히 불편합니다.(산골로 들어가면, 창문을 통해서도 천창보다 더 많은 별을 볼 수 있습니다.)

대안으로, 바깥쪽으로 이중 미닫이 창문으로 하고 방 안쪽에는 커튼 대신 전통 문살에 창호지를 붙인 여닫이 전통창문을 추가 설치하면 방 안에서는 훨씬 고풍스런 한옥의 분위기를 살릴 수 있을 것입니다.

이와 같이 자연 친화적인 황토 흙집도 장, 단점은 있습니다. 그래서 요즈음 흙집도 개량 진화하기도합니다. 흙집 기둥을 철골 또는 H-빔으로 하여 2층 또는 천장 높이를 높게 하기도 합니다. 물론 철골 기둥이 밖으로 노출되지 않도록 흙 속에 묻히게 하거나 나무로 보이는 면을 감싸기도 합니다. 지붕 또한 초가나 너와지붕은 사후 관리가 너무 불편하여 거의 사라지고, 아스팔트 싱글이나 함석기와 그리고 토기와나 시멘트 기와가 대세입니다. 그리고 흙이나 모래를 쌀자루나 양파 망에 담아서 벽을 쌓는 등 여러 유형으로 변형하기도 하고, 볏짚으로 짓는 스트로베일하우스도 있습니다.

21. 귀농, 귀촌인의 적정 토지, 주택 규모

　귀촌인의 집 짓기에서 "선무당이 사람 잡는다"는 속담은 딱 들어맞는 말씀입니다. 저는 흙집학교 강의도 듣고 통나무 집짓기 등 정보 수집을 1년 이상 하면서 준비하였으나, 워낙 손재주가 없고 엔진 톱 등 기계 다루는 솜씨가 젬병이어서 심사숙고 끝에 집 짓는 일은 도급으로 맡겼습니다.

　귀촌인이 자신의 능력을 과신하고, 손수 집을 짓다가 지붕에서 떨어져서 허리를 다치고, 엔진 톱 등 건축기계를 다루다가 실수해서 팔 다리를 다치기도 합니다.

　그리고 귀촌인이 손수 집을 짓다가 중도포기하고 나머지 공정만을 도급으로 맡기니 집 꼴은 볼품없어지고 비용도 더 들고, 하자도 더 많아지는 경우도 보았기 때문입니다.

　그래도 귀촌인은 자신이 짓고자 하는 주택의 설계도 작성과 조경 그리고 건축 시 감독을 제대로 하기 위해서도 흙집학교나 통나무학교에서 강의를 수강하는 것은 바람직한 일입니다.

　우리 속담에 "집 짓다가 10년 늙는다." "나이 50세 지나서 집짓기는 할 일이 아니다."라고 했겠습니까? 이는 집 짓는 일이 얼마나 힘들고, 속 터지는 일인가를 방증하는 것입니다.

1) 귀농, 귀촌인의 적정 토지 규모

귀촌인의 집터와 텃밭용으로 가장 적절한 토지 규모는 어느 정도가 가장 적절한 수준일까요?

물론 귀촌자의 연령, 가치관, 취향, 그리고 경제적 능력에 따라 다양할 수 있습니다.

귀농인은 4인 가족의 생계를 위해서 일반적인 자급자족 면적으로 최소한 약 6,600~10,000제곱미터(2,000~3,000평)을 봅니다.

그러나 귀촌인은 텃밭 정도만 하고 여유로운 전원생활이나 휴양, 요양을 목적으로 한다면, 약 1,000제곱미터(303평)일 것입니다.

그리고 농지원부를 만들고 농업인 등록을 하여 각종 지원 혜택을 받고 싶으면, 농지를 1,000제곱미터 이상 소유하거나 임대하여 자경을 하여야 하기 때문에 집터까지 생각하면, 최소한 약 1,320제곱미터(400평) 이상은 되어야 할 것입니다.

텃밭 66~99제곱미터(20~30평)도 농기계 없이 쇠스랑과 곡괭이 그리고 삽과 호미로만 밭갈이하고 퇴비 넣고, 씨 뿌리고, 모종 사다 심고, 풀 뽑고, 수확하는 일이 도시에서 농사를 전혀 지어보지 않은 귀촌인에게는 간단한 일이 아닙니다.

그래서 농지 1,000제곱미터(약 304평) 이상 농사를 할 귀촌인은 최소한 밭갈이 정도는 임차해서라도 농기계로 해야 합니다.

그리고 대지면적은 660제곱미터(200평) 미만으로 하는 것이 좋습니다.

왜냐하면, 농어촌 주택요건이 대지 면적이 660제곱미터(200평) 미만이기 때문입니다.

농지를 매입해서 일부를 농지 전용하여 주택을 신축할 귀농, 귀촌인은 건축허가 신청과 함께 농지전용 허가 신청을 하여야 합니다.

이때 귀촌인들이 자주 실수하는 사례로 불법 형질 변경을 들 수 있습니다.

왜냐하면, 귀촌인 입장에서는 자신이 매입한 토지에서 주택 신축 위치를 정하고 굴삭기로 집터 모양을 만들기 위해 토지 평탄 작업을 하는 것은 아무런 문제가 없는 것으로 생각하기 쉽기 때문입니다.

그러나 토지를 허가 없이 형질 변경할 수 있는 행위는 높이 50cm 이내 또는 깊이 50cm 이내의 절토, 성토, 정지이기 때문입니다.

그래서 건축신고 및 농지 전용 허가 신청을 하기 전에 허가 없이 함부로 토지 형질 변경을 하면, 벌금 처분 등 난처한 입장에 처할 수도 있습니다.

* 국토의 계획 및 이용에 관한 법률 제56조(개발행위의 허가) 제4항 3 호, 제140조(벌칙), 국토의 계획 및 이용에 관한 법률시행령 제53조(허가를 받지 아니하여도 되는 경미한 행위) 3호(토지의 형질변경) 가목. 참조

2) 귀농, 귀촌인의 적정 주택 규모

귀촌인의 적정 주택 규모는 약 66제곱미터(20평) 내외 정도면 적절하고, 귀농인의 적정 주택 규모는 약 100제곱미터(30평) 내외가 적당하다고 생각합니다.

창고와 옥외 화장실 그리고 아궁이 찜질방으로 귀촌인은 약 20

제곱미터(6평) 정도이고, 귀농인은 약 33제곱미터(10평)를 별채로 가지고 있으면 금상첨화라고 생각합니다.

그리고 본채도 가능하면 다용도실 출입구를 뒷마당으로 나갈 수 있게 하고, 다용도실에 간단한 샤워시설을 하여서 밭일을 하고 들어올 때의 출입구로 이용하여 간단한 샤워를 하고 실내 옷을 갈아입을 수 있도록 하면 위생상 좋습니다.

귀촌주택은 크게 신축하면, 겨울철 난방비만 많이 들고 친척과 지인들의 방문이 많아져서 갈등이 생기기도 합니다. 그러다가 방 1~2개는 민박용 방으로 이용을 시도하지만 결국은 농산물 창고로 이용될 뿐입니다.

민박 아무나 하는 게 아닙니다. 각양각색의 사람이 다 오고, 침구 빨래 등 보통 일이 아니며 실익이 없음을 알게 되기 때문입니다.

농어촌주택은 준공하는 날부터 반값이라는 말이 있습니다. 토지가격은 일반적으로 물가 상승율 이상 상승하지만, 주택 매도 시 신축 비용을 전부 받기 어렵습니다.

따라서 주택은 절대로 크게 신축해서는 안 되고, 잔디와 연못 등 조경 시설도 자신의 체력과 관리능력 등을 고려하고, 자신의 경제적 능력에 맞추어서 신중하게 결정하여야 후회가 적다는 것을 명심하셔야 합니다. 절대로 욕심을 내어서는 안 됩니다.

귀촌인들은 대개 처음에는 주택도 넓게 신축하고 싶고, 마당도 넓게 만들고, 잔디도 심고, 연못도 파고, 조경도 아름답게 꾸미고 싶어 합니다. 그래서 굴삭기를 임차하거나 심지어 중고 굴삭기를 매입하여 계속해서 토지를 못 살게 합니다. 시골 땅은 건드리면 돈이라는 말도 있습니다. 밑 빠진 독에 물 붓기라는 말이지요. 시골 땅은 굴삭기로 자꾸 손대면 계속해서 추가 비용만 자꾸 들어가고 무단 형질 변경 문제도 생기고, 천재지변 시 인재로 피해만 키우는 요인이 될 뿐만 아니라 토지 양도 시 토지원가로 인정받기도 쉽지 않습니다.

이는 성형수술을 하면 할수록 추가 비용만 자꾸 들어가고 얼굴 모양은 별로 나아지지도 않는 성형 중독증에 비유할 수도 있습니다.

마당 잔디 관리도 만만한 일이 아닙니다. 그래서 마당 일부는 꽃밭으로 가꾸고, 일부 마당은 굵은 모래를 깔고, 나머지 마당은 그대로 방치하면 훌륭한 들나물, 산나물 밭이 되기도 합니다. 작은 연못도 관리가 쉬운 일이 아닙니다. 물갈이가 잘 안 되면 고인 물은 썩게 마련이고, 악취 요인이 되고 모기 서식지로 둔갑하기도 합니다.

또한 개울물을 끌어오는 수로를 만들어 자연 순환 식으로 물갈이를 하였더니 물도 맑고 좋기는 한데 물과 돌과 풀이 있는 곳을 좋아하는 뱀의 서식지가 되기도 합니다.

마당에 뱀이 들어오는 것이 걱정된다면, 주택과 마당 주변 둘레에 지상 1m 정도의 그물망을 둘러치고, 중간중간에 바람이 불면 흔들려 소리가 나는 딸랑이를 달아 놓으면 뱀의 접근을 막을 수 있습니다.

22. 농어촌주택 과세특례 및 자경농지 감면 규정(양도소득세)

 귀농, 귀촌인도 농지나 주택을 양도하는 경우가 종종 발생합니다. 그런데 세법에 대한 무지로 인하여 곤란을 당하는 경우가 많습니다.

 그래서 귀농, 귀촌인은 귀농, 귀촌지를 선택하여 농가주택이나 농지를 매입할 때 사전에 세법에 대한 지식을 알아두어야 억울한 불이익을 받지 않을 수 있습니다.

 가장 많은 불이익 사례는 귀농, 귀촌인이 직접 자신의 주택을 지었을 때와 농가주택을 리모델링했을 경우입니다.

 왜냐하면, 주택 신축과 리모델링에 소요된 재료비, 인건비, 경비 등 신축비용이나 리모델링 비용에 대한 영수증을 제대로 챙기지 않아서 취득원가가 낮아지고, 양도차익이 많이 발생하게 되어 양도소득세 부담이 커지는 경우입니다.

 따라서 목수 등 인건비를 지급할 때는 사업자등록이 없는 사람은 주민등록증 사본이라도 받고, 예금 통장으로 대금을 지불하고 영수증을 자필로 받아 놓아야 합니다. 재료비 영수증은 철저히 챙기고, 식대 유류비 등 경비도 영수증을 잘 챙겨야 합니다.

 물론 토지나 주택을 매입한 금액에 중개수수료와 취득세 등 실비만 포함해서 매각하고 매매계약서와 영수증만 확실히 있다면, 양도차익이 발생하지 않기 때문에 양도소득세가 발생하지 않습니다.

그리고 시골 농가는 건축물대장만 있고 건물등기부등본이 없는 경우도 있고, 심지어는 건축물대장도 없는 경우도 있습니다.

건축물대장도 없는 지상권 매입은 나중에 법률적으로 전혀 권리를 보장 받을 수 없습니다.

따라서 원주민으로부터 농가주택을 매입할 때는 비용이 조금 들더라도 건축물대장을 만들고 건물 등기를 완료해 주는 조건으로 매입하는 것이 안전합니다. 오래된 시골 농가주택은 비용이 그다지 많이 들지는 않습니다.

그리고 농지 양도나 대토 시 8년 이상 자경농지는 양도소득세를 내지 않는다고 생각해서 세무서에 신고조차 하지 않아서 불이익을 당하는 경우도 있습니다.

이러한 잘못은 양도소득세 비과세와 과세특례 그리고 감면 규정을 제대로 이해하지 못해서 발생되는 중대한 실수입니다.

간단히 말해서 양도소득세 비과세 대상(1세대 1주택과 1세대 1주택 특례)은 신고 납부의무가 없습니다. 따라서 신고를 하지 않아도 아무런 불이익이 없습니다.

그러나 농어촌주택 등 양도소득세 과세특례나 양도소득세 감면(자경농지와 농지대토) 대상은 감면율이 100%라도 세금 감면신청을 해야 적용받고, 농어촌주택 과세특례신청을 해야 하는 신고 의무가 있다는 것입니다.

따라서 감면 신청이나 과세특례신청을 하지 않으면, 무신고 가산세와 납부 불성실 가산세 모두를 내야 하는 불이익을 받습니다.

1) 농어촌주택 과세특례

* 세인세무회계 블로그 일부 인용

(1) 1세대 1주택 특례

농어촌 인구 감소와 지역 균형 발전을 위해 정부는 일정한 요건을 충족하는 경우, 농어촌 또는 고향에 주택을 취득하면 기존 일반주택 양도시 1세대 1주택 비과세 특례를 인정하고 있습니다.

이를 통해 세 부담을 줄이고 귀향, 귀촌을 장려하고 있습니다.

예를 들면, 거주자 및 그 배우자가 구성하는 1세대가 2003년 8월 1일 (고향주택 2009년 1월 1일)부터 2017년 12월 31일까지의 기간 중에 다음 각호의 어느 하나에 해당하는 1채의 주택을 취득(자기가 건설 취득한 경우 포함)하여 3년 이상 보유하고 그 농어촌주택 등 취득 당시 보유하던 다른 주택(일반주택)을 양도하는 경우에는 그 농어촌주택 등을 해당 1세대의 소유주택이 아닌 것으로 봅니다.

(2) 농어촌주택 특례 요건

가. 취득기간: 2003년 8월 1일부터 2025년 12월 31일까지
  (2025. 09. 02 기준)
나. 위치 요건: 기회발전특구, 읍면 단위, 일부 제외된 도시지역 외
다. 가격 요건: 주택과 토지의 합계 기준시가가 3억원 이하
  (한옥은 4억 원 이하)
라. 면적 요건: 주택에 대한 연면적 기준은 17. 01. 01. 이후 양도분부터, 대지면적은 21. 01. 01. 이후 양도분부터

즉, 일정 금액 이하의 주택을 농어촌에 취득하면 기존 보유하던 일반 주택 양도시 주택 수에서 제외됩니다.

(3) 고향주택 특례 요건

가. 고향의 정의: 가족관계등록부상 등록기준지에 10년 이상 등재되었거나 실제 10년 이상 거주한 지역
나. 대상 지역: 수도권, 조정대상지역, 관광단지 등은 제외
다. 가격 요건: 동일하게 3억 원 이하(한옥은 4억 원 이하)

즉, 자신의 뿌리가 있는 고향에 소규모 주택을 마련하는 경우에도 비과세 혜택을 받을 수 있습니다.

(4) 특례 적용이 배제되는 경우

가. 농어촌주택과 일반주택이 같은 읍면에 있거나 연접해 있는 경우
나. 고향주택과 일반주택이 같은 시 또는 인접 시에 있는 경우
다. 취득가액이 기준 초과인 경우

(5) 보유 거주 요건

원칙적으로 농어촌주택 또는 고향주택은 3년 이상 보유해야 하며, 일부 특례의 경우 2년 이상 거주가 요구됩니다.

(6) 과세특례 신청 방법

가. 제출 서류: 과세특례신고서, 토지대장, 건축물대장(일반주택, 농어촌주택, 고향주택)
나. 신고 기한: 일반주택 양도소득세 신고와 동일 (양도일이 속하는 달의 말일부터 2개월 이내)

(7) 사후관리와 유의사항

가. 3년 보유 전 양도의 경우 특례 적용 가능합니다. 다만 사후 관리는 이루어져야 합니다.

나. 3년 이상 보유 요건을 충족하지 못하면 추징세가 발생할 수 있습니다.

다. 다만, 수용, 상속, 멸실 등 불가피한 사유는 예외로 인정합니다.

2) 일시적 2주택자에 대한 비과세

* 임주환 세무사 블로그 일부 인용

(1) 일시적 2주택 비과세 기본 요건

가. 국내 1주택자가 종전주택을 양도하기 전 신규주택을 취득 - 일시적으로 2주택이 된 경우

나. 종전주택 취득일 기준 1년 경과 후 신규주택 취득

다. 신규주택 취득일부터 3년 이내 종전주택 양도

라. 단, 일부 예외(건설임대, 수용, 근무 등 부득이 한 사유)는 1년 요건 적용 제외

(2) 지역, 양도 시점별 요건

가. 양도시점이 2023. 01. 12.이후 일반 지역은 신규주택 취득일부터 3년 내 종전주택 양도, 주택 소재지 구분 없음

나. 보유 기간, 거주 기간, 규정은 취득 당시 조정 대상지역 여부에 따라 달라집니다.

(3) 일시적 2주택 예외 특례 사례

　가. 다세대-다가구 용도변경 : 용도변경 후 2년 이상 보유, 신규주택 취득일부터 3년 내 양도시 특례적용

　나. 종전주택 현물출자: 종전주택을 조합에 현물출자하여 신축주택 취득- 특례 적용

　다. 인가 후 주거용: 재건축 대상 주택, 사업 시행 인가 후 사실상 거주 - 특례 적용

　라. 증여 취득: 유상/무상(증여) 취득 모두 포함

　마. 상속 주택 소수지분: 소수지분은 해당 거주자의 주택으로 보지 않음

　바. 동일 세대원 취득: 동일 세대원 명의 신규주택 취득 포함

　사. 교환: 종전주택 교환 시 1세대 1주택 범위 내 - 비과세

　아. 부담부증여: 동일 세대원 아닌 경우 - 특례 적용 가능

　자. 고가주택: 기준 금액 이상 주택도 특례 적용가능
　　(2021. 12. 08. 기준 12억)

　차. 취득 1년 미만: 종전주택 취득 1년 미만- 특례 적용 불가

(4) 판정 기준

　가. 양도일 현재 주택 상태로 판단(잔금 청산 등 완료 기준)

　나. 일시적 2주택과 일시적 1주택 + 합원입주권/분양권 특례는 중복 적용 불가

(5) 분양권, 조합원입주권 관련

　가. 신규주택이 조합원 입주권으로 전환 - 신규주택 취득일부터 3년 내 종전주택 양도

　나. 분양권(A)과 주택(B) 순차 취득 후 - 규정 적용 여부 주의

(2021. 01. 01. 이후 취득 분양권은 적용 제외 가능성 있음)

(6) 보유기간 계산
　가. 동일세대원 간 증여, 상속 – 기존 취득일 기준 통산 가능
　나. 1세대 1주택 특례 적용 시 취득일 기준 최소 1년 이상 경과 필요
　다. 예외: 건설임대, 수용 등

3) 자경농지와 농지대토에 대한 양도소득세의 감면

* 조세특례제한법 제69조(자경농지에 대한 양도소득세의 감면)
* 조세특례제한법 제70조(농지대토에 대한 양도소득세의 감면)
* 조세특례제한법 제133조(양도소득세 및 증여세 감면의 종합한도)
* 조세특례제한법 시행령 제66조(자경농지에 대한 양도세 감면)
* 조세특례제한법 시행령 제67조(농지대토에 대한 양도소득세 감면요건)
* 조세특례제한법 시행규칙 제27조(농지의 범위 등) 참조.

(1) 자경농지 양도세 감면
　거주자가 8년 이상 직접 경작한 농지를 양도하는 경우, 양도소득세를 감면해 주는 제도입니다.

(2) 감면요건
　가. 거주 요건: 농지소재지 또는 인접 시.군.구 내 직선거리 30km 이내에 실제 거주
　나. 경작 요건: 8년 이상 직접 경작한 실적 필요
　다. 직접 경작이란: 상시 농작업에 종사하거나, 연간 농작업의 절반

이상을 본인이 해야 함
　라. 농지 요건: 양도일 현재 실경작되고 있는 농지 상태여야 함
　마. 감면 한도: 1과세기간 1억 원, 5과세기간 합산 2억 원까지

(3) 농지 대토에 의한 감면

　농지 소재지에 거주하는 대통령령으로 정하는 거주자가 대통령령으로 정하는 방법으로 직접 경작한 토지를 경작상의 필요에 의하여 대통령령으로 정하는 경우에 해당하는 농지로 대토함으로써 발생하는 소득에 대해서는 양도소득세의 100분의 100에 상당하는 세액을 감면한다.

(4) 종합 한도

　자경농지와 농지대토에 대한 양도소득세 감면의 종합한도는 감면 합계금액에 대하여 1년간 1억 원, 5년간 2억 원 한도로 세액 감면한다.

(5) 감면 신청

　상기 (1)항, (2)항의 양도소득세 감면을 적용받으려는 자는 대통령령으로 정하는 바에 따라 감면 신청을 하여야 한다.

23. 장독대/ 저장고/ 토굴 만들기

　귀농 귀촌생활에서 배추, 무를 씨 뿌리고 키워서 김장을 하는 일은 겨우살이 준비의 핵심입니다. 김장은 배추, 무, 고춧가루 등 재료가 좋아야 함은 물론이고, 젓갈 맛도 결정적 역할을 합니다.
　그리고 장독, 장독대, 저장고, 토굴 등 저장과 보관, 관리도 무시할 수 없는 요소입니다.

1) 장독대 만들기

　귀촌생활에서 제일 먼저 할 일은 장독대 만드는 일입니다. 장맛은 장독대 위치에 따라서도 달라집니다.
　그래서 햇볕의 일조량과 습도 그리고 바람길을 잘 파악하여 위치를 선정하여 지면보다 약 30cm 이상 높게 설치하는 것이 좋습니다. 물론 일조량이 많고, 습도가 낮으며, 바람길이 비껴가는 곳이면 최상의 조건입니다.

2) 저장고/ 토굴 만들기

　김장독은 땅을 파서 묻어서 저장하는 것이 가장 좋은 저장 보관 방법입니다. 그러나 관리가 번거롭습니다.

그래서 농산물 저온저장고나 토굴을 파면 아주 좋습니다. 토굴은 경사진 지형에서 최소한 3m 이상을 파고, 입구 쪽으로 약간의 구배를 두고, 안쪽 천장에는 공기통 배관을 설치하여야 습도와 온도 조절이 됩니다. 토굴의 온도는 1m에 섭씨 1도씩 낮아진다고 합니다.

이른 봄 토굴을 파기 위해 비탈을 파거나, 늦가을 김장독을 묻기 위해 따사로운 햇볕이 스며드는 땅을 1m 정도 파 들어갔을 때 흩어지는 흙 내음은 정말로 환상입니다.

태고의 신비를 느끼게 하고, 햇볕이 스며드는 토굴 흙바닥에 앉아서 눈을 감고 있을 때 소리 없이 바람이 들어와서 이마에 흐른 땀을 식혀 줄 때면, 저는 장자(莊子)의 한 마리 나비가 된 듯 환상에 빠져듭니다.

이런 맛에 산골의 고단함도 잊고 살 수 있었습니다.

그러나 곡괭이, 쇠스랑, 삽, 외발손수레만 가지고 토굴을 팔 때의 노동은 가히 중노동입니다. 저는 토굴을 3개월 동안 파도 3m를 못 파서 굴삭기를 이용하여 마무리하였습니다.

현대 문명의 이기인 굴삭기의 편리함과 빠름을 다시 한 번 실감나게 느꼈습니다. 그러나 곡괭이의 느림에 의한 즐거움과 태곳적 흙내음은 없습니다.

과학문명이 아무리 발전해도, 정신세계를 함께 발전시키는 것은 아님을 깨달았고, 세상만사 얻는 게 있으면 잃는 게 있다는 현대 과학문명의 명암을 선명하게 보았습니다.

24. 장 담그기

산골 귀촌생활의 묘미 중 또 하나는 장을 직접 담가 먹는 재미가 쏠쏠하다는 것입니다. 그리고 이왕 하는 김에 양을 조금 넉넉히 하면, 지인들과 나눔의 정을 나눌 수 있습니다. 한 발 더 나아가서 장 솜씨도 있고 부지런하면 부업으로도 발전하여 귀촌 생활비에 많은 보탬이 되기도 합니다. 그러나 장 담그는 작업이 만만한 일은 아닙니다.
  그러나 느림의 또 다른 즐거움은 줍니다.

1) 된장/ 간장 담그기

(1) 좋은 장독 구입
장맛은 장독에 따라서도 달라집니다. 좋은 장독을 굽는 곳은 인터넷이나 수소문하면 찾을 수 있습니다. 직접 방문하거나 주문 구입할 수 있습니다.

(2) 좋은 콩 선별하는 방법
장맛에서 가장 중요한 핵심 재료는 좋은 콩입니다. 제일 좋은 콩은 자신이 직접 재배한 콩입니다. 다음으로 귀촌 지역에서 나는 콩을 구입하는 것이 좋습니다.
  콩 구입 요령은 알이 굵고 고르며 윤기가 흐르는 것을 선택하고 상온(18도~22도)에서 통풍이 잘 되는 곳에 보관하는 것이 좋습니다.

(3) 콩을 삶는 방법

가마솥이 없다면 양은솥도 가능합니다. 그러나 불 조절과 콩 주걱 젓는 일을 눌어붙지 않게 잘 해야 합니다.

그리고 콩은 익히면 부피가 3~4배 정도로 불기 때문에 솥에 콩을 4분의 1 정도 넣고, 섭씨 100도에서 3~4시간 익혀야 합니다. 콩이 덜 익거나 너무 오래 익혀도 장맛이 떨어지고 장으로서의 가치가 없어집니다.

압력솥에서는 추가 흔들리면 약한 불로 30분 정도 가열한 후 뜸을 들이면 적당하게 삶아집니다.

만약 재래식 아궁이가 없다면, 이동 간이 화덕을 구입하거나, 야외 화덕을 진흙과 돌 또는 붉은 벽돌로 만들면, 나물 데칠 때도 편하고 귀촌생활에서는 요긴하게 이용될 것입니다.

콩을 삶는 시기는 음력 10월이 적당합니다. 그러나 늦더위가 있을 때는 메주가 부패하기 쉽기 때문에 파리 등 벌레가 없어지는 늦은 가을 같은 서늘한 날씨에 만들어야 좋은 곰팡이균과 고초균이 잘 생깁니다.

(4) 삶은 콩 으깨는 방법

돌절구나 나무절구와 같은 재래식 우리 도구가 있으면 가장 좋습니다. 그러나 이런 옛 도구들은 이제는 쉽게 구하기도 어렵고 힘도 많이 듭니다. 따라서 깨끗한 무명천을 삶아 소독해서 말린 자루 주머니에 콩을 넣기도 하고, 김장용 대형 비닐봉지 2장을 겹친 속에 콩을 넣어서 그 위에 깨끗한 천을 덮고 발로 밟기도 합니다.

아주 간편하면서도 나무절구 효과에 버금가는 권장할 만한 방법입니다.

(5) 메주를 만드는 방법

메주의 모양은 보통 네모로 하지만 둥글납작하게도 하고 다양하게 할 수가 있습니다.

그래서 사각 형틀에다가 으깬 콩을 넣고 눌러 만들기도 하지만, 가족들이 둘러 앉아 그냥 손으로 대충 두드려서 만들어도 좋은 추억이 됩니다.

(6) 메주를 띄우는 방법

장 담그기에서 가장 어렵고 까다로운 과정입니다.

메주의 표면이 마르지 않은 상태에서 세균이 번식하면 몸에 유해한 곰팡이가 번식하여 독소를 생성할 수 있습니다. 따라서 섭씨 30도의 실온에서 3일 정도 말려 메주 겉면의 수분을 없애는 것이 좋습니다. 이때 파리가 메주에 앉지 못하게 양파망이나 망사 덮개를 잘해야 합니다. 파리가 앉으면 구더기가 엄청 생깁니다.

메주에 겉면이 완전히 굳으면 상자에 짚을 깔고 서로 붙지 않게 담고 잘 덮어서 섭씨 27~28도 정도의 따뜻한 곳에 2주 정도 두면, 표면에 곰팡이가 고루 덮이게 됩니다.

이때 좋은 곰팡이가 번식해야 하는데 온도가 지나치게 높거나 습기가 많으면 잡균이 생겨 메주가 썩어 장맛을 그르치게 됩니다. 곰팡이가 생기면 진득한 진도 나오므로 가끔 밖에 내놓아 말려야 합니다.

 메주가 알맞게 뜨면, 볏짚을 열십자로 묶어서 겨울 동안 빈 방 또는 뒷 베란다에 매달아 놓거나 바람이 잘 통하는 곳에서 말립니다. 이른 봄이 되면 이들 메주를 꺼내 햇볕에 쬐어 바싹 말립니다.

(7) 장 담그는 시기

 음력 정월달에 담그는 장이 가장 맛이 좋다고 합니다. 정월달에도 가장 좋은 날은 말(牛)날이라고 전해옵니다. 정월 장 담그는 순서는 재료 준비→ 메주 씻기→ 물에 소금 풀기→ 장독 소독→ 메주 장독에 넣기→ 장독 안에서 메주가 뜨지 못하게 대나무 쪽 고정하기→ 소금물 장독에 붓기→ 달군 숯, 마른 고추, 말린 대추를 장독에 넣고 뚜껑 닫으면 마무리됩니다.

 재료로는 메주, 소금(천일염), 물, 숯, 고추, 대추, 대나무 쪽, 꿀 1스푼이며, 항아리와 소금물 만들 큰 대야를 준비하면 됩니다.

 메주는 솔로 깨끗이 씻어 물기를 말립니다. 재료에서 메주와 소금과 물이 장맛을 좌우합니다. 그래서 소금은 국내 천일염을 사용하는 것이 좋고 물도 오염되지 않은 지하수가 좋을 것입니다. 수돗물도 좋습니다. 수돗물에 있는 잔류 염소 등도 소금을 풀어 소금물 상태로 약 5~6시간 정도 두면 날아가고, 불순물은 가라앉기 때문입니다. 그래서 소금물 풀기는 장 담그는 날 전날 밤에 소금물을 풀어 놓는 것도 좋은 방법입니다.

 소금물의 염도는 약 17%로 계란을 띄워서 소금물 위로 500원짜리 동전 면적 정도 떠오르는 정도입니다.

(8) 된장 간장 분리하기

정월 장은 담근 지 40~60일 사이에 장을 된장과 간장을 분리하면 됩니다. 먼저 소금물에 불은 메주를 부서지지 않도록 조심해서 꺼냅니다. 남은 콩 부스러기는 조리로 건져냅니다. 꺼낸 메주 덩어리를 손으로 주물주물 으깹니다. 장독에서 꺼낸 메주의 10% 정도의 생 메줏가루를 함께 섞어 치댑니다. 섞은 메주를 장독에 넣고 손으로 꾹꾹 눌러주고 위에 소금을 덮어 줍니다. 간장은 곰팡이가 피지 않았으면 달이지 않고 장독에 바로 담아 보관해도 됩니다. 곰팡이가 피었으면 한 번 불에 간장을 달여서 식혀 장독에 담아야 안전합니다.

2) 고추장 담그기

고추장은 간장을 담그고 나서 더워지기 전인 3~4월에 담급니다. 어떤 곡물로 담그느냐에 따라 찹쌀고추장, 밀가루 고추장, 보리고추장, 고구마고추장 등으로 나뉩니다.

재래식 고추장의 원료는 메줏가루, 고춧가루, 곡물가루, 엿기름, 소금입니다. 찹쌀가루를 반죽하여 쪄서 메줏가루를 섞어 당화되어 묽어지면 고춧가루를 섞고 소금으로 간을 맞추어 숙성시킵니다. 지방에 따라 찹쌀 대신 멥쌀, 밀, 보리로 담그기도 합니다.

고추장 간을 맞출 때는 흰 꽃소금을 씁니다. 고추장이 되직하므로 굵은 호렴은 잘 녹지 않으며 쓴맛이 남으므로 적당하지 않고, 고운 정제염은 순도가 너무 높아서 간을 맞추기가 어렵습니다. 고추장 반죽에 들어간 소금은 잘 녹지 않으므로 고추장 버무릴

때 한꺼번에 넣지 않고 2~3일간에 걸쳐서 서너 차례로 나누어 간을 맞춥니다. 고추장 반죽이 너무 되직하면 소금으로만 간을 하지 않고 간장을 섞기도 하는데 이때는 꼭 간장을 달여서 넣어야 합니다.

고추장의 재료 배합을 살펴보면 찹쌀이나 전분 곡물가루가 소두 1말이면 메줏가루는 소두 1되(5컵), 고춧가루는 2되, 엿기름은 3~4컵, 소금은 6~8컵이 기준입니다.

맵게 담그려면 매운 고춧가루를 많이 넣으면 되고, 묽게 하려면 엿기름을 많이 넣으면 됩니다. 또 전분질이 많으면 되직해지므로 기호에 따라 재료의 비율을 가감합니다.

간장이나 된장은 담그고 바로 뚜껑을 덮어 두었다가 3~4일쯤 후에 날씨가 좋은 날을 택해 볕을 쪼이기 시작하지만 고추장은 하룻밤 김이 나가게 두었다가 다음 날 뚜껑을 덮습니다. 익힌 재료를 바로 버무린 것이어서 담그고 바로 뚜껑을 덮으면 더운 김이 완전히 빠지지 않아서 습기가 찹니다.

고추장 항아리는 입이 좁은 것이 좋습니다. 고추장이 공기에 노출되면 그 면은 색이 검어지고 맛도 나빠지며, 곱이라고 하는 흰색의 산막효모가 번식하므로 날씨 좋은 날에는 뚜껑을 열어 햇볕을 쪼여 주면 이를 방지할 수 있습니다.

담근 지 얼마 안 되어 부글부글 끓어 넘치거나 흰 곰팡이가 피기도 하는데 여기에는 여러 원인이 있습니다. 엿기름에 전분을 넣고 충분히 달이지 않았거나 너무 싱거운 경우, 고추장 항아리에 빗물이나 물이 들어갔을 경우 등입니다. 이럴 때는 솥에 쏟아붓고 은근한 불에서 달여 주고 소금을 약간 더 넣습니다. 고추장을 쏟고 더운

식혜를 넣어 서서히 끓이면 맛을 되살릴 수 있습니다.

고추장을 단지에 담은 후에도 얼마 동안 계속 저어 주어야 잘 익으며 끓어오르지 않고 간도 고루 듭니다. 특히 여름철에는 곰팡이가 피기 쉬우므로 망사나 거즈로 항아리를 덮어서 가끔 햇볕을 쬐어 주고 장마철에는 반드시 웃소금을 얹고 습기가 차지 않도록 주의합니다.

제4장
100세 시대

25. 힐링시대, 건강하게 잘 사는 법

　은퇴하는 베이비부머의 화두는 제2의 인생 후반기를 "어디에서 무엇을 하며 어떻게 살 것인가?"입니다. 이러한 화두의 궁극적인 목적은 건강하게 평균 수명 이상 살고 2~3일 정도 앓다가 사망하고 싶다는 팔팔구구이삼사(8899234)의 다른 표현입니다.
　이제 고령화시대의 첫 세대인 베이비부머 세대의 건강하게 사는 법을 이야기해 볼까요?
　건강은 요즈음 우리 사회의 최고의 화두입니다. 그래서 신문, 방송, 인터넷 등 매스컴에서 건강 정보 홍수 속에 살아가고 있다고 해도 과언이 아닙니다. 과연 그 많은 건강정보에서 어떤 것을 선택하여야 자신이 건강하게 살 수 있는지 혼란스럽기도 합니다.
　간단하고 직설적으로 말하면, 잘 먹고, 잘 자고, 잘 배설하면 건강한 것이지요. 그런데 어떻게 먹는 것이 잘 먹는 것이고, 어떻게 자는 것이 잘 자는 것이며, 어떻게 배설하는 것이 잘 배설하는 것이냐는 것입니다.
　어떻게 먹고, 자고, 배설할 것인가를 동물적으로 단순하게 생각하면, 정답이 있다고 생각합니다.

　그리고 자연 상태에서 식물이나 동물이나 생명의 기본 요소는 물, 공기, 햇빛, 영양분(음식)입니다. 그러므로 영양분(음식)을 잘 먹는다는 것은 물과 공기를 마시고 햇빛을 쬐면서 흙에서 잘 자란 식물과 동물을 먹는 것입니다.

그리고 잘 자는 방법은 먹은 것을 소화시키고, 몸과 정신이 건강해지도록 일과 운동 그리고 명상을 충분히 하는 것입니다. 마지막으로 잘 배설하는 방법은 용변을 느낄 때 화장실에 가고 화장실에서는 빨리 볼일을 끝내는 습관입니다.

1) 잘 먹는 방법

먹거리에서 가장 중요한 것은 물입니다. 깨끗한 물의 중요성은 동서고금을 망라해서 입증되었습니다. 사람의 몸은 약 70%가 물로 구성되어 있는 것만 보아도 알 수 있는 것입니다.

고대 인도의 요기들과 간디의 물 요법은 잘 알려져 있습니다. 그리고 선승들의 참선이나 단식을 할 때 물만 먹고도 1달을 버틸 수 있다는 사실도 잘 알려져 있습니다.

따라서 깨끗한 물만 하루에 자신에게 맞는 적정량을 잘 챙겨 먹는 것으로도 사람 건강의 70%는 챙기는 것이 됩니다.

다음의 먹거리는 식물입니다. 자연에서 먹을 수 있는 식물은 수천 가지 이상일 것입니다. 그런데 우리는 맛있는 것만 골라서 더 맛있는 욕망을 채우기 위해서 끝없는 요리법을 개발해서 자연 그대로의 영양분을 감소시킬 뿐만 아니라 과식으로 인한 비만을 야기하고 있습니다.

식용 가능한 식물은 가능하면, 자연 그대로 물로만 씻어서 먹고, 식물의 독소나 기생충 등을 해소하기 위해 데치거나 찌는 정도로 해서 소금이나 간장 등으로 간을 해서 먹는 것이 가장 좋은 방법입니다.

또는 밥을 할 때 쌀과 함께 현미, 잡곡, 밤, 대추, 무, 콩나물, 버섯, 해조류 등 어떤 식물이든 식성에 따라 솥에 넣고 함께 밥으로 해서 소금이나 간장으로 간을 맞추어서 먹으면 간단하게 모든 영양소를 섭취할 수 있는 가장 좋은 방법입니다.

물론 우리 몸의 필수 5대 영양소인 탄수화물, 단백질, 지방, 무기질(미네랄), 비타민을 골고루 섭취하기 위하여 육고기, 생선, 달걀, 우유, 견과류, 과일 등도 적당하게 섭취하여야 할 것입니다.

그리고 맛있는 것, 좋은 것, 비싼 것을 찾아 먹으려고 애쓰지 말고 제철에 나는 싱싱한 것을 그때그때 찾아 먹고, 썩거나 부패한 음식물이거나 검증되지 않은 이상한 음식은 절대로 먹지 않는 것이 건강하게 사는 지름길임을 명심하십시오.

따라서 가능하면 방부제, 식용색소 등 화학물질이 첨가된 가공음식은 되도록 먹지 말고 냉장고나 냉동실에 오래 보관되어 이상하다고 생각되는 음식은 아무리 비싼 음식도 과감히 버리십시오.

가끔 환우 분들께서 매스컴을 통해서 얻은 과장된 정보나 민간요법을 과신하여 몸에 좋다는 산나물, 들나물, 약재, 채소, 과일, 민물고기, 다슬기 등을 엑기스, 주스, 즙으로 짜서 마시기도 합니다.

이와 같이 드시는 것은 환우분의 주치의나 한의사와 상담 후 실행하시는 것이 현명한 처신입니다. 왜냐하면, 엑기스, 주스, 즙으로 드시면 체질이나 과잉 용량으로 인한 부작용이 독이 될 수도 있기 때문입니다.

따라서 이판사판(理判事判)이 아니라면, 음식으로 해서 드시는 것이 가장 안전하고 지혜로운 선택일 것입니다. 과유불급(過猶不及)은 진리입니다.

그리고 천천히 꼭꼭 씹어 먹고, 절대로 배부르게 먹지 마십시오. 간혹 운동 부족이나 스트레스로 속이 더부룩하면, 한 끼 정도는 물만 먹고 굶는 것도 좋은 방법입니다.

2) 운동 잘하는 방법

베이비부머 세대의 운동은 그동안 꾸준히 하였던 운동을 계속하는 것이 가장 바람직합니다. 평소에 운동을 별로 안 하던 사람이 40대 이후에 골프를 배운다고 갑자기 무리를 해서 3개월도 안 되어 갈비뼈가 3대나 금이 가고 부러지기까지 하는 사고를 당하기도 합니다.

더구나 50~60대인 베이비부머 세대는 새로운 운동을 시작할 때는 해당 운동 전문가의 지도와 스포츠 의료진의 조언에 따라 서서히 강도를 높여가며 몸에 무리가 안 되도록 신중하게 하여야 합니다.

특별히 하는 운동이 없는 사람은 걷기 운동과 스트레칭, 체조 정도로도 제대로 꾸준히만 한다면 건강하게 사는 운동으로 부족함이 없다는 것은 이미 검증되었습니다.

그러므로 귀농, 귀촌인은 하루 30분, 주 5일 이상 맑은 물과 공기를 마시며, 숲길이나 강 뚝방 길을 햇빛을 쬐며 걷고, 스트레칭 운동기구에서라도 꾸준히 몸을 단련하여야 합니다.

그리고 여유 시간도 적당한 취미, 특기생활, 종교생활을 하며 몸과 머리를 계속 사용하도록 노력하여야 할 것입니다. 그리하면 적정한 체중도 유지되고 밤에 잠도 잘 자게 되어 건강한 삶을 유지할 수 있을 것입니다.

3) 잘 자는 방법

어떻게 자는 방법이 잘 자는 방법일까요? 수면 시간은 사람의 체질과 건강 상태에 따라 다양합니다. 일반적으로는 7~8시간이 적당한 수면 시간으로 알려져 있습니다. 또한 점심식사 후에 약 10분~30분 정도 눈을 감고 가수면 상태라도 낮잠 자는 습관이 좋다고도 합니다.

그리고 잠자는 시간도 중요하지만 더욱 중요한 것은 수면의 질과 수면 시간입니다. 가장 수면의 질이 좋은 시간은 오후 10시부터 익일 오전 2시까지라는 사실도 잘 알려져 있습니다.

따라서 오후 10시 이전에 취침하고 기상 시간은 체력과 체질에 따라 익일 오전 3시~6시로 하는 규칙적인 습관을 갖도록 노력하여야 할 것입니다.

수면하는 침실에는 가능하면 침구 이외에는 아무것도 두지 말고, 창문 커튼은 빛을 차단하는 것으로 하는 것이 좋습니다. 습도와 온도계를 비치하고 습도는 40~65% 온도는 섭씨 20~25도 정도에서 자신의 체질에 따라 조절할 수 있도록 한다면 최상일 것입니다.

그리고 졸리면 곧바로 침실로 들어가고, 졸리지 않으면 절대로 침실에 들어가지 않는 것을 원칙으로 하십시오.

4) 잘 배설하는 방법

 다른 동물들은 용변이 보고 싶을 때 거침없이 아무 곳에서나 볼일을 봅니다. 그래서 동물들은 치질 등 항문 질환이 없다고 합니다.
 그러나 이성을 가진 인간이 그럴 수는 없습니다. 그러나 가능하다면 용변이 보고 싶을 때 볼일을 볼 수 있도록 노력하고, 될 수 있으면 아침에 깨어나서 집을 나서기 전에 큰 용변을 보는 습관을 가지도록 노력하는 것이 좋습니다. 그렇다고 아침에 용변이 보고 싶지도 않는 것을 억지로 볼일을 보려고 할 필요는 없습니다.
 그리고 변의를 느끼면 될 수 있는 한 빨리 화장실에 가고, 화장실에 가서는 오래 있지 않는 습관을 갖도록 노력하여야 합니다.
 현대 사회의 화장실은 대부분 수세식이며, 깨끗하고 편리하며 쾌적합니다. 그래서 많은 사람들이 용변을 보면서 신문을 읽거나 스마트폰을 보거나 심지어 세상 근심을 모두 털어내는 명상에 잠기기도 합니다.
 이러한 행위가 마치 문화인의 시간 절약으로 미화되기도 합니다. 그러나 이런 행위가 항문 건강에 몹시 위험하다는 사실도 잘 알려져 있습니다. 오히려 춥고 불편해서 오래 있을 수가 없는 재래식 화장실이 항문 건강에는 더 좋다는 것입니다. 세상만사 얻는 게 있으면 잃는 게 있다는 진리를 화장실에서도 깨닫게 됩니다.

하루에 적당한 물을 마시고 적당한 식사와 적당한 운동을 한다면 용변도 규칙적으로 빨리 볼 수 있게 됩니다. 이러한 규칙적 생활이 건강의 지름길입니다.

5) 생각 잘하는 방법

사람은 생각하는 동물입니다. 함석헌 선생께서는 "생각하는 백성이라야 산다"고 하셨습니다. 그러나 생각이 너무 많으면 일도 잘 안 되고 잠도 잘 오지 않습니다. 반대로 생각이 너무 적어도 치매 걱정이 되고 바보가 되는 것 같습니다.

그리고 생각의 질도 아주 중요합니다. 쓸데없는 오만가지 잡념 같은 생각만 계속하면, 사람을 오만하게 만들고, 인간을 자신의 틀 안에 가두어 고집스럽고 피폐하게 만듭니다.

그래서 제대로 된 생각을 하기 위해서는 하고 싶은 일을 하고 책을 읽고 취미, 특기생활을 하고 종교생활이나 요가나 명상을 하는 것입니다.

그리고 단순하고 검소하게 살아야 합니다.

쓸데없는 오만가지 잡념은 욕망과 욕심에서 시작됩니다. 그래도 쓸데없는 오만가지 잡념이 계속된다면, 육체를 혹사시켜서 심신을 피곤하게 만드는 방법도 한 가지 해결 방법이 될 것입니다.

이와 같이 적당하게 잘 생각할 수 있는 나름대로의 방법을 자기 자신이 직접 찾아야 합니다. 이것이 인간의 영원한 숙제입니다.

26. 100세 시대 - 어떻게 살 것인가?

1) 기초연금

　기초연금은 어르신들의 생활의 어려움을 덜어드리고 연금 혜택을 공평하게 나누어 드리기 위하여, 2014년 7월부터 기초노령연금제도가 폐지되고 기초연금제도가 시행되었습니다.
　기초연금 수급자는 만 65세 이상의 어르신 중에서 상대적으로 형편이 어려우신 70%의 어르신에게 드립니다. 2025년 선정기준액은 소득인정액이 단독가구 228만 원, 부부가구 3,648,000원 이하입니다.

　소득인정액 계산방법은 소득인정액 = 월 소득평가액 + 재산의 월 소득환산액입니다.
　월 소득 평가액은 (근로소득:112만 원)×0.7 + 기타소득입니다.
　그리고 재산의 월 소득 환산액은 《(일반재산:거주지별 기본공제 재산액) + (금융재산:2,000만 원-부채)》× 연 소득환산율(4%)를 12개월로 나눈 월 소득금액에 고가 자동차와 골프회원권 등에 연 소득환산율(4%)를 적용한 월 소득금액을 합한 금액입니다.

　기초연금은 국민연금 수급자라도 부양가족연금액을 제외한 국민연금 급여액과 소득재분배급여(A급여)을 감안하여 기초연금액을 산정하여 받을 수 있습니다. 다만, 공무원연금, 사립학교교

직원연금, 군인연금, 별정우체국연금 등 직역연금 수급권자와 그 배우자는 대상에서 제외됩니다.
 그리고 소득 수준이 상대적으로 높으시거나 부부 두 분 모두 기초연금을 받으실 경우에는 20%를 감액합니다

 기초연금과 관련하여 보건복지콜센터(국번 없이 129) 또는 국민연금 콜센터(국번 없이 1355)를 통하여 상담, 문의와 수령 여부를 자가진단하실 수 있습니다.
 기초연금액은 기준연금액 2025년 기준 단독 가구 월 342,510원, 부부 가구도 동일합니다.
 자세한 사항은 보건복지 콜 센터나 읍, 면, 동사무소에 문의하시기 바랍니다.

2) 국민연금

 우리나라에서 시행되고 있는 대표적인 사회보장제도는 국민들이 노령, 장애, 사망 등으로 소득활동을 할 수 없을 때 기본적인 생활이 가능하도록 연금을 지급하는 국민연금제도를 비롯하여 건강보험, 산재보험, 고용보험, 노인장기요양보험 등 사회보험과 생활보호, 의료보호 등과 같은 공적부조, 그리고 사회복지서비스 등이 있습니다.
 우리나라의 사회보장제도는 70년대 후반의 의료보험과 1988년 실시된 국민연금제도로 그 틀을 갖추기 시작하였습니다.

이 중 국민연금은 국가가 보험의 원리를 도입하여 만든 사회보험의 일종으로 가입자, 사용자, 국가로부터 일정액의 보험료를 받고 이를 재원으로 노령으로 인한 근로소득 상실을 보전하기 위한 노령연금, 주 소득자의 사망에 따른 소득상실을 보전하기 위한 유족연금, 질병 또는 사고로 인한 장기근로능력 상실에 따른 소득상실을 보전하기 위한 장애연금 등을 지급함으로써 국민의 생활안정과 복지증진을 도모하는 사회보장제도의 하나입니다.

과거에는 평균 수명이 짧고 노년인구의 수가 적어 노인은 농경사회의 지혜의 원천으로 대가족 제도의 어른으로 존경의 대상이었습니다. 그러나 오늘날에는 노년 인구가 많아지고 산업화 사회, 핵가족 제도의 영향으로 노인을 존경의 대상보다는 부양의 대상으로 부담스럽게 생각하는 시각이 더 커지고 있습니다.

통계청 조사에 따르면 경제적인 어려움이 노인들에게 가장 해결이 어려운 문제로 나타나고 있으나 가족구조, 부양의식 변화 등으로 인해 사적부양의 역할은 축소되고 있습니다.

따라서 젊고 소득활동 능력이 있을 때 체계적으로 자신의 노후를 준비해야 하며 이러한 맥락에서 대표적인 공적부양제도인 국민연금이 100세 시대 노인들의 중추적 역할을 담당하여야 합니다.

특히 국민연금은 농민, 자영업자 등 퇴직금도 없는 지역가입자들이 가능하면 월 불입액을 최대한 많이 납부하여 노후를 준비할 수 있도록 정부에서도 제도 개선을 하면서 더욱 발전시켜야 할 것입니다.

2025년 6월 현재 국민연금을 받는 수급자는 약 692만 명이며, 국민연금 전체 평균 수급액은 약 67만 원입니다.

최고령 수급자의 나이는 노령연금 104세, 장애연금 86세, 유족연금 104세입니다. 우리나라도 이제 100세 시대가 되었음을 실감나게 합니다.

3) 주택연금

주택연금이란 만 55세 이상의 고령자가 소유하고 거주하고 있는 1주택(12억 원 이하)을 담보로 맡기고 평생 혹은 일정한 기간 동안 매월 연금 방식으로 노후생활자금을 지급받는 국가 보증의 금융상품으로 역 모기지라고도 합니다.

이를 위하여 한국주택금융공사는 연금 가입자를 위해 은행에 보증서를 발급하고 은행은 공사의 보증서에 의해 가입자에게 주택연금을 지급합니다.

(1) 주택연금의 장점
    가. 평생 거주, 평생 지급: 평생 동안 가입자 및 배우자 모두에게 거주를 보장해 드립니다. 부부 중 한 분이 돌아가신 경우에도 연금 감액 없이 100% 동일 금액의 지급을 보장해 드립니다.
    나. 국가가 보증: 국가가 연금지급을 보증하므로 연금지급 중단 위험이 없습니다.
    다. 합리적인 상속: 나중에 부부 모두 사망 후 주택을 처분하여 정산하면 되고 연금 수령액 등이 집값을 초과하여도 상속인에게 청구하지 않으며, 반대로 집값이 남으면 상속인에게 돌아갑니다.
    라. 세제 혜택: 주택연금 가입 주택이 5억 원 이하이면 재산세를 25%

감면 (5억 원 초과 주택은 5억 원에 해당하는 재산세액의 25% 감면).
마. 예상연금조회는 한국주택금융공사 사이트에서 조회할 수 있습니다.

4) 증여/ 차용증

증여란 당사자의 일방이 재산을 무상으로 상대방(직계존비속, 친족, 타인)에게 수여하는 의사를 표시하고 상대방이 이를 승낙하여 성립하는 낙성(諾成), 무상(無償), 편무(片務)의 계약으로 증여받은 금액은 증여세 부과 대상이 됩니다.
따라서 부모가 자식에게 살아생전에 재산을 물려주는 것은 증여이고, 부모가 돌아가신 후에 받는 재산은 상속이 되는 것입니다.

(1) 증여세

증여세는 타인으로부터 재산을 무상으로 받은 경우에 당해 증여 재산에 대하여 부과되는 세금을 말합니다. 증여를 받은 사람 즉 수증자는 증여세 납부 의무가 있으므로 증여받은 날이 속하는 달의 말일부터 3개월 이내에 주소지 관할세무서에 증여세를 신고 납부하여야 합니다.

(2) 10년 이내 증여받은 재산의 합산과세

동일인(직계존속은 그 배우자 포함)으로부터 당해 증여일자 10년 이내에 증여받은 재산은 당해 증여분과 합산하여 신고해야 합니다.

(3) 증여재산공제 한도액

배우자: 6억 원
직계존속: 5,000만 원(수증자가 미성년자인 경우 2,000만 원)
직계비속: 5,000만 원
기타 친족: 1,000만 원
(상속세 및 증여세법 제53조 참조)

(4) 증여세율

1억 원 이하: 10%,
5억 원 이하: 20%(누진공제액: 1,000만 원),
10억 원 이하: 30%(누진공제액: 6,000만 원),
30억 원 이하: 40%(누진공제액: 1억 6,000만 원)
30억 원 초과: 50%(누진공제액: 4억 6,000만 원)

(5) 차용증

민법 제561조에 의하여 부양조건부증여를 할 수도 있으나 법률적으로 복잡하고 이중 증여세 문제도 발생할 수 있기 때문에, 부모가 자식에게 빌려주는 형식으로 차용증을 받고 증여하여 나중에 자식이 부모 부양을 하지 않아서 부모의 생계가 곤란해질 때는 자식으로부터 돌려받는 방법이 가장 현명한 방법입니다.

5) 최저생계비 이하인 어르신에 대한 대책 시급

주택 1채도 없는 대다수 어르신들은 최저생계비 2025년 1인가구 1,435,208원 2인 가구 2,359,595원에도 미달합니다. 이분들은 100세 시대를 어떻게 살 것인지 전혀 대책이 없는 실정입니다. 정부에서는 빠른 시일 안에 대책을 강구하여 초고령화 시대에 대비해야 할 것입니다.

6) 마을회관, 경로당을 마을 단위 휴양, 요양 시설로

우리나라 전국 어디를 가든 마을회관과 경로당 없는 마을은 없습니다. 그리고 경로당에 취사 시설도 대부분 있습니다. 그래서 마을 할머니들께서 점심을 해 드시기도 합니다. 그러나 취사 인력 지원 등은 없기 때문에 마을회의가 있을 때 부녀회에서 식사 준비를 하는 정도로 이용되고 있을 뿐입니다.

이러한 시설을 점진적으로 마을 단위 휴양 요양시설로 발전적으로 진화시켜 나간다면, 얼마 남지 않은 고령사회와 초고령사회에서 최소의 비용으로 최대의 효과를 거둘 수 있는 대책이라고 생각합니다.

발전 방향은 공동취사시설 확대지원➡ 주식, 부식비 지원 확대➡ 취사인력 지원➡ 마을 단위 어르신 식사 제공(하루 1~2회)➡ 숙박 시설 지원➡ 사회복지요원 지원➡ 보건의료인력 지원 등 발전적으로 소규모 마을 단위 휴양, 요양시설로 탈바꿈하여 나가는 방안입니다.

7) 전국 휴양림 인근 지역에 휴양, 요양시설 부지를 지정

 우리나라에는 2025년 기준 국립 자연휴양림은 총 46개소, 공립 129개소, 사립 24개소 등 총 199개소가 있습니다. 그리고 이러한 휴양림은 자연환경이 살아 있는 청정지역입니다. 또한 우리나라는 국토의 70%가 산림지역이므로 전국 어디에서나 휴양림을 조성할 수 있는 자연환경 여건이 됩니다. 따라서 계속해서 휴양림 조성을 확대·발전시켜 나가야 할 것입니다.
 이러한 휴양림 인근 지역에는 휴양, 요양시설 부지를 지정하고 더 나아가서 부지를 확보하도록 하여 고령사회, 초고령사회에 대비하는 방안도 좋은 정책이라고 생각합니다.

27. 죽음을 어떻게 준비할 것인가?

1) 상속세/ 상속주택 취득세/ 유언장/ 상속의 순위와 법정상속분/ 유류분/ 기여분/ 상속 포기

상속이란 사람의 사망으로 인한 재산상 법률관계의 포괄적 승계를 말합니다.

(1) 상속세

상속세란 사망으로 그 재산이 가족이나 친족 등에게 무상으로 이전되는 경우에 당해 상속재산에 대하여 부과하는 세금을 말합니다. 상속세 납세의무가 있는 상속인 등은 신고서를 작성하여 신고기한(상속개시일이 속하는 달의 말일부터 6월 이내)까지 상속세를 신고 납부하여야 합니다.

상속재산이 부동산일 경우에는 부동산 소재지 지자체에 상속을 원인으로 한 취득세 신고도 하여야 합니다.

가. 증여재산 합산

상속개시일전 10년 이내에 피상속인의 상속인에게 증여한 재산가액 및 5년 이내에 피상속인이 상속인이 아닌 자에게 증여한 재산가액 등은 상속재산에 합산합니다.

나. 상속세율

상기 증여세율과 동일합니다.

다. 상속공제

상속공제는 기초공제: 2억 원, 배우자공제: 5억 원, 자녀공제 1인당 5,000만 원 그리고 미성년자공제, 연로자공제, 장애인공제 등이 있습니다.

또한 동거주택공제는 주택가액의 40%이며 5억 원을 한도로 합니다.

그리고 상속세 과세표준 신고가 없는 경우에는 5억 원(일괄공제)을 공제하며 배우자가 있는 경우 배우자공제(5억 원)를 추가로 적용 받을 수 있습니다. 따라서 상속재산 10억 원까지는 상속세가 없다고 볼 수 있습니다. (상속세 및 증여세법 제18조~24조 참조)

(2) 상속주택 취득세

상속주택 취득세율은 표준세율 2.8%, 지방교육세 0.16%, 농어촌특별세 0.2%(전용 면적 85제곱미터 초과 시 적용) 합계 3.16%입니다.

그러나 공동상속인 경우에는 상속지분이 가장 큰 상속인이 1가구 1주택이면 표준세율 2.8%에서 중과기준세율 2%를 차감한 0.8%를 취득세율로 적용합니다.

그리고 취득세 법정신고기한(상속개시일이 속하는 달의 말일부터 6월 이내)까지 납세지(상속 부동산 소재지)를 관할하는 시장, 군수, 구청장에게 신고하여야 합니다.

따라서 상속재산이 시가 10억 원 이하 주택 1채뿐이라 하더라도 세무서에 상속세 신고는 하지 않아도 상속세 부과는 되지 않습니다.

그러나 상속주택 소재지 시장, 군수, 구청장에게 상속재산 취득세 신고를 하지 않으면 가산세 등 불이익을 받기 때문에 반드시 신고하여야 합니다.

* 지방세법 제11조 제1항 1호 나목, 제15조 제1항 2호 가목, 제20조 제1항, 제151조 제1항 1호, 지방세법 시행령 29조 제3항, 제33조 제1항 참조

그리고 양도소득세 계산 시 공동상속지분은 지분이 가장 큰 상속인 이외에는 주택 수에 포함되지 않습니다.

* 소득세법시행령 제155조 3항 1세대 1주택의 특례 참조

(3) 유언장

유언장은 생전에 작성하는 문서로 사후에 법적 효력이 발생하며 상속인, 재산처분 등의 내용을 포함하고 있습니다. 유서라고도 합니다.

민법에서 정한 유언을 남기는 방법은 총 5가지가 있으며 유언자가 유언전문과 작성일자, 주소, 성명을 자필로 작성하고 도장이나 지장을 찍는 자필증서에 의한 유언과 공증증서에 의한 유언, 비밀증서에 의한 유언, 구수증서에 의한 유언, 녹음유언이 있습니다.

그리고 유언을 남기기에 앞서 작성하고자 하는 유언장이 민법에서 정한 방법으로 법적 효력이 있는지 미리 확인하여야 하며,

효력의 범위가 어느 정도인지 파악하는 것이 좋습니다.

또한 유언자의 서명이 없으면 법적 효력이 발생하지 않으므로 반드시 유언장 작성 후 서명을 하였는지 확인하여야 합니다.

특히 유언전문에서 가장 중요한 사항은 상속인들에게 너무 불공평한 내용이 되지 않도록 상속인들의 기여도와 민법상 보장되는 상속인들의 법정상속분과 유류분을 참고하여 신중하게 작성하여야 합니다.

왜냐하면, 상속인들이 납득하기 어려울 정도로 불공평하면 사후에 상속인들 간에 유류분청구소송 또는 기여분결정 및 상속재산분할심판청구소송 등 법정 분쟁을 일으키는 원인이 되고, 상속인들 간에 지울 수 없는 상처가 되어 형제지간이 원수지간이 될 수도 있기 때문입니다.

(4) 상속의 순위(민법 제1000조)와 법정상속분(민법 제1009조)

상속의 순위(민법 제1000조)
제1순위: 직계비속과 배우자,
제2순위: 직계존속과 배우자(제1순위가 없는 경우),
제3순위: 형제자매(제1, 2순위가 없는 경우),
제4순위: 4촌 이내의 방계혈족(제1, 2, 3순위가 없는 경우)

법정상속분은 동순위의 상속인이 수인인 때에는 그 상속분은 균분으로 합니다.

피상속인의 배우자의 상속분은 직계비속과 공동으로 상속하는 때에는 직계비속의 상속분의 5할을 가산하고, 직계존속과 공동으로 상속하는 때에는 직계존속 상속분의 5할을 가산합니다.

(5) 유류분(민법 제1112조)

　피상속인은 유언(또는 증여)에 의하여 재산을 자유로이 처분할 수 있지만, 일정한 범위의 유족에게 일정액을 유보해 두지 않으면 안 되며, 그 한도를 넘는 유증이나 증여가 있을 때 그 상속인은 반환을 청구할 수 있게 한 제도입니다.

　사람이 생전에 자기의 재산을 자유로이 처분할 수 있는 것과 같이 유언으로써 재산을 처분(유증)하는 것도 자유여야겠지만, 사망자 근친자(상속인)의 생계도 고려함이 없이 사망 직전에 모두 타인에게 유증하는 처분 행위는 바람직하지 못하므로 일정 비율의 재산을 근친자를 위하여 남기도록 하는 것이 이 제도의 취지입니다. 영국, 미국을 제외한 대부분의 국가가 이 제도를 채용하고 있으며 우리나라도 1977년의 민법 개정으로 이 제도를 신설하였습니다.

　유류분의 비율은 직계비속과 배우자는 그 법정상속분의 1/2, 직계존속과 형제자매는 그 1/3입니다

(6) 기여분(민법 제1008조의 2)

　민법에서 공동상속인 사이의 실질적 공평을 꾀하기 위하여 1990년 7번째 개정될 때 기여분에 관한 조항이 신설되었습니다.

　이에 따르면 공동상속인 가운데 피상속인의 재산의 유지 또는 증가에 관하여 특별히 기여한 사람이 있을 때에는 상속개시 당시의 피상속인의 재산가액에서 공동상속인의 협의로 정한 그 사람의 기여분을 공제한 것을 상속재산으로 보고, 법정상속분에 따라 산정한 상속분에 기여분을 가산한 액수를 그 사람의 상속분으로 합니다.

여기에는 피상속인을 특별히 부양한 사람도 포함됩니다.

공동상속인의 협의가 되지 않거나 협의할 수 없는 때에는 가정법원은 기여자의 청구에 따라 기여의 시기, 방법 및 정도와 상속재산의 액수 등의 사정을 참작하여 기여분을 정합니다.

기여분은 상속이 개시된 때의 피상속인의 재산가액에서 유증의 가액을 공제한 액수를 넘지 못합니다.

기여분은 공동상속인에 국한하므로 사실혼에 의한 배우자처럼 공동상속인이 아닌 사람은 기여분의 권리자가 되지 못합니다.

민법에서 정한 상속순위에 따른 상속인이어야 하며, 상속인의 결격사유에 해당되거나 상속권을 포기한 사람도 상속권이 없으므로 당연히 기여분을 받을 수 없습니다.

상속재산의 우선순위에 있어서 기여분은 유증과 생전증여의 다음 순위이며, 유류분보다는 우선순위입니다.

(7) 상속포기(민법 제1019조)

상속포기란 상속인의 지위를 포기하는 것으로, 재산과 빚 모두 물려받지 않겠다는 것입니다.

상속은 재산 상속만이 아니라 채무도 상속됩니다. 따라서 상속재산이 하나도 없더라도 피상속인이 채무를 지고 있는 때는 상속인들이 그 채무를 상속하게 돼 이를 변제해야 하는 의무를 지게 됩니다.

이 경우 상속인은 상속포기나 상속한정승인을 택할 수 있습니다.

상속받을 재산보다 채무가 더 많을 경우 상속인은 재산과 채무를 모두 포기하는 상속포기 신고를 할 수 있습니다.

상속포기신고는 상속 개시가 있음을 안 날로부터 3개월 이내에 가정법원에 해야 합니다.

한편 한정승인은 상속인이 상속에 의하여 취득한 재산 한도 내에서만 피상속인의 채무와 유증을 변제하는 상속 또는 그와 같은 조건으로 상속을 승인하는 것입니다.

2) 사전의료의향서/ 안락사

(1) 사전의료의향서

대법원은 최근 노화로 인해 장기들이 더 이상 기능하지 못하거나, 더 이상 회복이 불가능한 질병의 말기에 이르렀을 때 치료 여부 및 치료 내용을 최종적으로 결정하는 사람은 바로 "죽음에 임박한 본인"이라고 판결하였습니다.

그러나 사람이 죽음에 임박한 상태에서는 의식이 없거나, 약물치료 등으로 의식이 명료하지 않아 대개는 자신의 의사를 충분하게 표시할 수 없게 되는 경우가 허다합니다.

따라서 죽음에 임박한 사람들은 대개 죽음을 앞두고 발생하는 많은 문제에 대해서 자신의 의견을 명확하게 표현할 기회를 갖지 못하는 경우가 많습니다.

그래서 죽음에 임박한 상황을 대비하여 생명의 연장 및 특정치료 여부에 대해 자신의 의사를 서면으로 미리 표시하는 공적문서를 "사전의료의향서"라고 합니다. 대리인을 지정하여 대리결정권을 위임할 수도 있을 것입니다.

그러면 나를 돌보는 의사는 물론이고 가족들 간에도 이견으로 갈등을 빚는 어려운 상황을 미리 방지하는 효과가 있습니다.

2013년 7월 발표한 "연명의료결정에 관한" 국가생명윤리심의위원회 가 의결한 기본원칙 : "모든 환자는 헌법정신에 따라 적절하게 치료를 받으며, 자신이 앓고 있는 상병의 상태와 예후 그리고 시행할 의료에 대해서 분명하게 알고 스스로 결정할 권리가 있다."라고 천명하고 있습니다.

　　그리고 사전의료지시서는 환자가 자발적 의사표현을 할 수 있는 상태에서 작성하는 의료 유언장으로, 미국, 대만, 오스트리아 등 여러 국가에서 법제화되어 있습니다. 우리나라에서는 서울대병원이 말기 암 환자에만 이를 적용하기로 결정했습니다.

　　사전의료의향서와 대동소이한 내용으로 다른 표현이라고 볼 수 있습니다.

　　또한 사전장례의향서는 작성자가 부고범위, 장례 형식, 부의금조화를 받을지 여부, 염습, 수의, 관 선택, 화장, 매장 등 장례 방식과 장소 등 당부 사항을 미리 적어 놓는 일종의 유언장입니다.

　　법적인 구속력은 없지만 후손들이 작성자의 뜻에 따라 장례를 간소하고 엄숙하게 치를 수 있습니다.

* 현재 우리나라의 연명의료제도(2018. 02. 04 시행) 참조:
〈국립연명의료관리기관에서 관장〉

(2) 안락사
　　가. 정의 : 회복할 수 없는 죽음에 임박한 중환자의 고통을 덜어주기 위하여 그 환자의 생명을 단축시켜 사망케 하는 것

　　나. 적극적 안락사와 소극적 안락사
　　적극적 안락사는 적극적 행위를 통해 임종을 인위적으로 앞당기는 것을

말합니다. 따라서 적극적 안락사를 감행한 자에게는 살인죄의 성립 여부가 문제됩니다.

그리고 소극적 안락사의 경우에는 무의미한 연명치료의 중단, 장기이식을 위한 뇌사자로부터 장기 적출 등에 대한 허용성 등의 문제가 대두됩니다.

우리나라에서도 고려장 풍습도 있었고, 본인의 의지로 곡기를 끊고 생을 마감하는 경우도 종종 있습니다. 곡기를 끊으면 3일~7일 정도 고통이 있고, 그 후로는 오히려 고통이 줄어든다는 이야기도 있습니다. 그리고 곡기를 끊으면 대소변을 보지 않아서 깨끗하고 품위 있는 인간의 존엄성을 지킬 수 있어서 필자는 개인적으로 찬성하는 편입니다. 우리 사회도 이 문제를 공론화할 때라고 생각합니다.

다. 다른 나라의 안락사법

1996년 9월 세계 최초로 안락사법을 법제화한 나라는 호주 노던주이며, 그 이후 2001년 4월 네덜란드, 2002년 9월 벨기에 뒤를 이어 스위스, 프랑스, 영국, 스웨덴, 노르웨이, 미국 오리건 주, 2008년 11월에는 미국 워싱턴 주 등에서 시행되고 있습니다.

라. 우리나라의 소극적 안락사

장기등이식에관한법률을 제정하여 뇌사를 사망의 시기로 보지 않으면서도 뇌사자로부터 장기를 적출하는 것에 대해 적법성을 인정하는 정도의 법적 규율을 하고 있습니다.

그러나 연명치료중단에 대한 안락사에 관하여 법률이 없는 우리나라에서는 환자 본인의 사전의료의향서를 병원측에 제출해도 병원측에서 이에 응하지 않을 경우에는 법원에 소를 제기해야 하는 불편이 있습니다. 물론 2009년 대법원의 연명치료중단에 대한 허용 판례가 있기 때문에 승소 가능성은 높다고 볼 수 있습니다.

마. 2009년 대법원 판례(연세대학교 김 할머니 사건-호흡보조장치 제거)

판례에서 인정한 연명치료 중단의 허용 기준:

* 대한민국 헌법이 규정하는 인간의 존엄과 가치 및 행복추구권에 기초함.

(가) 환자가 회복불가능한 상태일 것(의료기관 내 전문위원으로 구 성된 위원회의 결정-의학연구윤리심의위원회)
(나) 환자의 사전의료지시가 있을 것
(다) 만일 사전의료지시가 없는 상태에서 의식을 상실한 경우, 이를 추정할 만한 사유가 객관적으로 인정될 것.